Rudolf Walter Leonhardt

Das Weib, das ich geliebet hab

Heines Mädchen und Frauen

Hoffmann und Campe

Bildnachweis: Heinrich-Heine-Institut, Düsseldorf (3); Landesbildstelle Niederrhein, Düsseldorf (5); Hamburger Kunsthalle (2); Sammlung Georg Schäfer, Schweinfurt (1)

1. bis 7. Tausend 1975

Gesamtherstellung Butzon & Bercker, Kevelaer
ISBN 3-455-04383-6 · Printed in Germany

Inhalt

Warum und wozu »Heines Mädchen und Frauen«?

Ich las in der jüngsten Heine-Biographie, wie in den ältesten Heine-Biographien, und zwischendurch auch immer wieder, Heine sei ein Frauenheld gewesen. Dolf Sternberger: »Daß Heine ein lebhafter Erotiker war, liegt am Tage und bedarf keiner Untersuchung.«

Und ich las, daß Karl Marx meinte (wie Franziska Kugelmann, die Tochter eines seiner Freunde berichtet), »Heine (habe) seine wunderbar schönen Liebeslieder aus der Phantasie geschöpft, er habe nie Glück bei Damen gehabt . . .«

Da Marx, anders als Sternberger, Heine persönlich gekannt hat, sogar ganz gut gekannt hat, wollte mir Sternbergers »liegt am Tage und bedarf keiner Untersuchung« nicht recht einleuchten.

Deshalb habe ich alle Quellen befragt, deren ich habhaft werden konnte, und die Antworten, wie bei einem Puzzle-Spiel, so zusammengefügt, daß sie ein Bild ergeben.

Es ging mir dabei um die Möglichkeiten der historischen

Wahrheit. Nun ist historische Wahrheit gewiß nicht die ganze Wahrheit; aber sie ist doch ein interessanter, ein für unser alltägliches Leben wichtiger Aspekt.

Am meisten beunruhigte mich die grundsätzliche Frage: Wie ist das möglich, daß über das Leben eines Mannes, den mein Urgroßvater noch erlebt haben könnte, einander diametral entgegengesetzte »Wahrheiten« ermittelt und verkündet werden? Nicht über irgendwelche sehr verborgenen Lebensäußerungen, sondern über sein sich doch nicht unter Ausschluß der Öffentlichkeit abspielendes Zusammenleben mit anderen, mit Mädchen und Frauen zum Beispiel. Und nicht über das Leben irgendeines Mannes, sondern über das Leben eines so berühmten Mannes wie Heinrich Heine, über das es mehr Dokumente und Berichte gibt als über das Leben irgendeines anderen seiner Zeitgenossen.

Heine hat über »Shakespeares Mädchen und Frauen« geschrieben. Eigentlich wollte ich meine Arbeit danach »Heines Mädchen und Frauen« nennen. Daraus ist nur ein Untertitel geworden. Es gibt da doch mehr Diskrepanzen als Analogien.

Gewiß hat die Möglichkeit, Aufschlüsse zu gewinnen über einen Mann, indem man seine Beziehungen zu Frauen untersucht, auch Heine interessiert. Deswegen nahm er 1838 den Auftrag des Pariser Verlagsbuchhändlers Delloye an, »Erläuterungen« zu schreiben für eine Sammlung von fünfundvierzig englischen Kupferstichen, auf denen Frauengestalten aus Shakespeares Dramen dargestellt waren.

Zunächst war ihm das ein willkommener Anlaß, die

Werke Shakespeares noch einmal zu lesen. Dann schreibt er in einer langen Einleitung, wie sehr zuwider ihm die Engländer sind und wie herrlich sich auf solchem Hintergrund seine Bewunderung für Shakespeare abhebt. Es folgt eine kurze Geschichte der Rezeption Shakespeares in England, in Deutschland und schließlich auch noch in Frankreich.

Als er dann zum eigentlichen Thema, zu den Frauen kommt, hat er die Lust schon halb verloren. Viele seiner Darstellungen sind angelesen und abgeschrieben. Und als er am Ende über Shakespeares Frauengestalten in den Komödien noch immer nichts gesagt hat, läßt er ohne jeden Kommentar Shakespeare-Zitate für sich selber sprechen.

Julius Campe, Heines weiser Hamburger Verleger, wußte schon, warum er sich weigerte, »Shakespeares Mädchen und Frauen« von Delloye zu übernehmen. Das tat dann Brockhaus.

Ich habe über Heines Mädchen und Frauen in niemandes Auftrag geschrieben. Es lagen auch keine Bilder vor. Und gerade die Frauen haben mich von Anfang bis Ende interessiert. Freilich handelt es sich bei ihnen ja auch nicht um Phantasiegeschöpfe, sondern um Menschen. Sie mögen Heine geliebt haben; sie mögen von Heine geliebt worden sein. Gelebt hätten sie auch ohne ihn. Aber im Spiegel des Liebens und Lebens dieser Mädchen und Frauen könnte auch das Leben und Schreiben Heinrich Heines auf ungewohnte Weise reflektiert werden. Der schlechteste Weg zum Verständnis des Dichters, der in aller Welt als Liebeslyriker Furore gemacht hat, kann das nicht sein.

Und noch eins kommt hinzu: das Verhältnis von Männern zu Mädchen und Frauen erscheint in den dauernd wechselnden Strömungen politischer Ideologien und literarischen Moden als ein relativ verläßlicher Ausgangspunkt. Da hat sich so viel ja nicht geändert im Laufe der Epochen. »Ganz wie in unserer jüngsten Zeit«, schreibt der Heine-Biograph Gustav Jung, »in der das Sexualleben so sehr den Brennpunkt mannigfachster Interessen bildet, trat die Geschlechtsliebe ... (im Zeitalter der Romantik) ... deutlicher in den Vordergrund.« Der Professor spricht von den Großeltern des geneigten Lesers. Er schreibt das im Jahre 1920!

Was folgt, ist eine Heine-Studie, die trotz einer unter Germanisten nicht üblichen Darstellungsform auch den Forderungen der Germanistik genügen möchte.

Meine wichtigsten Quellen sind: die zehnbändige Heine-Ausgabe des Ostberliner Aufbau-Verlages, ediert und kommentiert von Hans Kaufmann; die ersten Bände der Kritischen Gesamtausgabe Ost (Weimar), die vor allem die Briefe von und an Heine enthalten, und der erste Band der bei Hoffmann und Campe erscheinenden Kritischen Gesamtausgabe West (Düsseldorf), der die frühe Prosa enthält; die Heine-Chronik von Fritz Mende (Ostberlin, 1970); die »Begegnungen mit Heine«, Berichte der Zeitgenossen, herausgegeben von Michael Werner in Fortführung von H. H. Houbens »Gespräche mit Heine« (Hoffmann und Campe, 1973). Unter den Bergen von Sekundärliteratur fand ich besonders nützlich die vortreffliche Studie über »Heines Hamburger Zeit« von Joseph A. Kruse (Hoffmann und Campe, 1972).

Die Heine-Forschung hat sich schon seit langem nicht mehr mit den Mädchen und Frauen in Heines Leben beschäftigt. Da muß man zurückgreifen auf zum Teil veraltete, zum Teil auch kuriose Bücher wie das des gerade erwähnten Gustav Jung: »Die Darstellung des Weibes in Heinrich Heines Werken« (Leipzig, 1920) oder »Heines Liebesleben« von Max Kaufmann (Zürich, 1897).

Heute erscheinen Bücher über »Marx und Heine« (von Walther Victor) oder »Heine und der Kommunismus« (von Leo Kreutzer), die in fünfzig Jahren ähnlich veraltet und kurios wirken werden.

Es werden auch nach wie vor Interpretationen der Lyrik veröffentlicht; und für die Interpreten spielt der Mann, der die Verse geschrieben hat, kaum eine Rolle. Mir jedoch erscheint es als eine zumindest unnötige, oft jedoch auch verfälschende Einengung literarischer Erfahrung, wenn, zum Beispiel, die Gedichte an die Mouche nicht eingeordnet werden in die Endspiel-Situation, in der sie geschrieben sind, oder wenn man das »Wintermärchen« nur als eine polemische Auseinandersetzung mit Deutschland liest. Meine Hoffnung wäre es, ein paar Korrekturen anbringen zu können am vorherrschenden Heine-Bild.

Und eine letzte Frage – *last but not least* – kam hinzu: nicht nur, was Mädchen und Frauen dem Heine bedeuteten, interessierte mich; sondern auch: was es bedeutete, zu Heines Zeiten ein Mädchen oder eine Frau gewesen zu sein. Was waren das für Mädchen und Frauen, und inwieweit sind sie nur durch Heine aus der Anonymität all derer, die vor uns waren, all derer, die nach uns kommen, herausgerissen worden?

Auch: war damals alles ganz anders als heute? Ich kann es nicht unwichtig finden, sich ein Bild davon zu machen, wie, unter welchen Bedingungen Mädchen und Frauen vor einhundertfünfzig Jahren lebten und liebten.

Von technischem Fortschritt fasziniert, neigen wir dazu, es als selbstverständlich zu nehmen, daß diese Welt sich rapide verändert. Beim Studium historischer Zeugnisse wie der hier untersuchten stößt man jedoch immer wieder auf Gedanken, Gefühle, Verhaltensweisen, Probleme, Zustände, die vom technischen Fortschritt sonderbar unberührt geblieben zu sein scheinen. Sollte die »liebe Menschennatur«, von der Goethe gern sprach, doch recht dauerhaft sein? Der Verdacht drängt sich auf. Jeder Rückblick in die Geschichte zeigt uns Menschen, die uns ganz vertraut sind, die auch unter uns leben könnten. Aber sie leben in einer für uns unvorstellbar fernen und fremden Welt.

1 Heines Mutter Betty geb. van Geldern

1 Betty Heine-van Geldern

Die Mutter lag ihm stets im Sinn

Es ist nicht sehr originell, die Reihe der Mädchen und Frauen eines Mannes anfangen zu lassen mit der Mutter. Auch die Versicherung, Betty van Geldern sei eine ganz besondere Mutter gewesen, ändert daran wenig. Warum zuerst die Mutter? Es scheint mir, Ödipus hin, Freud her, unmöglich, aus der Reihe der Mädchen und Frauen, die ein Poet liebte, die Frau auszulassen, die er offensichtlich am meisten geliebt und der er dieses Sonett gewidmet hat:

»Im tollen Wahn hatt ich dich einst verlassen,
Ich wollte gehn die ganze Welt zu Ende,
Ich wollte sehn, ob ich die Liebe fände,
Um liebevoll die Liebe zu umfassen.

Die Liebe suchte ich auf allen Gassen,
Vor jeder Türe streckt ich aus die Hände
Und bettelte um g'ringe Liebesspende –
Doch lachend gab man mir nur kaltes Hassen.

Und immer irrte ich nach Liebe, immer
Nach Liebe, doch die Liebe fand ich nimmer,
Und kehrte um nach Hause, krank und trübe.

Doch da bist du entgegen mir gekommen,
Und ach! was da in deinem Aug' geschwommen,
Das war die süße, langgesuchte Liebe.«

Es gehe der Reihe nach. Anderen Ordnungen hat die chronologische jene Wirklichkeitsnähe voraus, auf die es hier mehr ankommen soll als auf kühne Interpretationen.

Betty van Geldern war ein Judenmädchen, dessen Familie aus Holland stammte. Solche Familien gab es viele am Rhein und im Bergischen Land. Nächst Baden und den Hansestädten war das Rheinland die liberalste Gegend Deutschlands. Juden zählten freilich auch dort nicht zu den Honoratioren. Sie konnten sich nicht in allen Berufen frei entfalten. Sie waren auch, wenn sie, anders als Heine, sehr fremdländisch aussahen oder, wie Harry Heine, ungewöhnliche Namen trugen, zuweilen jener Mischung aus Verwunderung und Spott ausgesetzt, an der alle Minderheiten in der Provinz zu leiden haben. »Provinz« könnte man ja geradezu definieren als die Art gesellschaftlichen Milieus, die Minderheiten isoliert. Ein Junge von Heines Sensibilität fühlte sich auch im liberalen Düsseldorf als Außenseiter.

Betty van Geldern kam aus einer guten holländischen Familie, deren »van« freilich kein deutsches Adelsprädikat war, wie Heine später einmal behauptet haben soll. Sie war recht hübsch und hätte gewiß auch eine bessere Partie machen können als Samson Heine, diesen nicht sehr geschäftstüchtigen Sohn eines nicht sehr erfolgreichen Kaufmanns aus dem Hannoverschen. Aber so ein Mädchen mußte damals schnell unter die Haube kommen und konnte nicht lange wählen. Es war gar nicht so leicht, einen heiratbaren Mann zu finden. Noch schwerer war es für ein Judenmädchen, weil in den meisten, in den orthodoxeren Familien nur ein jüdischer Freier in Frage kam. Von denen gab es so viele nicht; nicht einmal im Rheinland. Die Chuzpe, einen Goj, einen Andersgläubigen zu heiraten, brachten nur wenige auf. Betty war nicht von dieser Art. In ihrer Familie hatten Juden stets nur Juden geheiratet.

Und Samson hatte immerhin manches, was ein junges Mädchen anziehen konnte. Er war offenbar ganz stattlich, ein kleiner Angeber auch, voller großer Pläne; im Grunde eine Frohnatur, friedlich und gutmütig. Dabei wäre er gern ein Spieler geworden und ein Casanova. Wenn etwas schieflief, pflegte er zu sagen: »Jetzt muß man ein neues Fäßchen anstechen.«

Betty beherrschte ihn völlig, indem sie ihm seine kleinen Großtuereien, als Offizier der Düsseldorfer Bürgerwehr zum Beispiel, durchgehen ließ, solange sie nicht allzu viel Geld kosteten. Daß er sich keinen Reitstall leisten konnte, das hatte sie ihm schonend und schnell beigebracht.

Betty van Gelderns wenn nicht einziger, so doch ganz sicher erster Wunsch, als sie die Ehe schloß, war es, Samson Heine Kinder zu schenken. »Kinder zu schenken«, genau so hätte sie es ausgedrückt.

Wir sind am Ende des 18. Jahrhunderts. Damals starben

von hundert Frauen bei jeder Geburt etwa acht unter den widerwärtigsten Schmerzen im Kindbett; von zehn Kindern erreichten nur vier das Erwachsenenalter. Für Frauen, die sechs Kinder bekamen, standen die Chancen, alle Geburten zu überleben, also etwa halbe-halbe. Gäbe es genaue Statistiken, dann sähe es vielleicht ein wenig anders, aber kaum besser aus. Ich stütze mich auf die lebensfreundlichsten Schätzungen. Es genüge, um zu zeigen, daß die Vorstellung vom »Kinder schenken« erst dann an den Rand des Kitschigen geriet, als der damit bezeichnete Vorgang für alle Beteiligten steril und einigermaßen gefahrlos abgewickelt werden konnte.

Betty van Geldern-Heine schenkte ihrem Mann Samson vier Kinder. Alle erreichten sie das Erwachsenenalter, und Betty selber wurde fast 88 Jahre alt, überlebte den berühmtesten ihrer Söhne, der, selber ein Leben lang krank, sich ein Leben lang Sorgen machte um die Gesundheit der Mutter.

Wo gefragt wird, ob die Keime zur Krankheit in Heines Erbmasse lagen, ist zu sagen: Mutter Betty war, wie ihre Lebensgeschichte lehrt, kerngesund. Auch ihrer Vernunft und ihren Empfindungen rühmte der Sohn später Gesundheit nach. Dazu war sie energisch. Ihre starke Hand konnte, wo es darum ging, die Kinder zu erziehen oder gegen andere zu verteidigen, kräftig zuschlagen.

Fröhlich immer, aber wohl immer auch ein wenig anfällig für Beschwerden, war Vater Samson. Ein ausschweifendes Leben hat ihm, anders als seinem Sohn, deswegen niemand nachgesagt.

Die Liebe zu seiner Mutter hat Sohn Harry in des Wortes schlichtester Bedeutung mit der Muttermilch eingesogen. Baby-Nahrung in Büchsen gab es damals ja noch nicht; und es gab auch keine Amme, die Betty Heine, der ernsthaften Rousseau-Leserin, gut genug gewesen wäre für ihre Kinder.

Von all den mancherlei Kenntnissen, die sie als höhere Tochter vor der Ehe hatte erwerben können, erwiesen sich als am nützlichsten offenbar die medizinischen. Sie kam aus einer Mediziner-Familie und hatte mit ihrem Bruder zusammen angefangen, Medizin zu studieren.

Im 18. Jahrhundert konnten arrivierte Juden Bankiers werden oder Ärzte. Nicht-arrivierte wurden Trödler, Händler und Pfandleiher.

Um die Jahrhundertwende schienen sich auch noch andere Möglichkeiten zu öffnen, vor allem dort, wo mit Napoleon der liberale Geist der Französischen Revolution Einzug gehalten hatte wie in Heines Geburtsstadt Düsseldorf.

Die Stilisierung von Heines Leben, diesen Gestaltungswillen neben der Wirklichkeit her, und zuweilen dieser Wirklichkeit entgegen, gilt es zu begreifen, ehe Heines Leben und Schreiben verstanden werden kann.

Also zum Beispiel: daß Harry auch als Heinrich und dann als Henri seinen Geburtstag meistens falsch angibt, ihn gleich um zwei Jahre verschiebt: 1799 statt 1797.

Die Historiker haben abenteuerliche Theorien entwikkelt, die hier hingehören, weil sie alle auch Mutter Betty betreffen.

1. Die Geburtsurkunde sei, wie Heine selber behauptet hat, bei einem Brand verlorengegangen. Kein Zweifel, daß

die Historiker, die das geglaubt haben, Männer waren. Als ob eine Frau, die sich bis ins hohe Alter voller Zurechnungsfähigkeit erfreute, eine Urkunde gebraucht hätte, um die Geburt ihres ersten Kindes zu datieren; um zu wissen, ob seine Schwester (die 1800 geborene Charlotte) gleich im folgenden Jahr kam oder ob drei Jahre zwischen den beiden Geburten lagen. Ein einziges Mal äußert sich Harry, er hieß da schon Henri, ziemlich unfreundlich über seine Mutter: sie sei wohl zu alt, schrieb er seiner Schwester Charlotte, um sich noch genau an das Jahr seiner Geburt erinnern zu können.

2. Harrys voreheliche Geburt hätte verheimlicht werden sollen. Mir sind keine Dokumente bekannt, die diese These rechtfertigen.

3. Harry hätte auf diese Weise dem Militärdienst entgehen sollen. Das ist schlichter Unsinn. Viel mehr spricht dafür, daß gerade dies der erste Plan Bettys für ihren Ältesten war: Er sollte als Soldat in Napoleons Dienste treten. Da die Artillerie sich zur schlachtentscheidenden Waffe entwickelt hatte, ließ sie ihm zusätzlich Unterricht in Mathematik geben; denn Leute, die die ballistischen Kurven der Geschosse genau berechnen konnten, wurden gebraucht.

Aber Napoleons Stern sank. Statt dessen erhoben sich die Rothschilds am Firmament der internationalen Hochfinanz. Ein Finanzier solchen Formats sollte nun auch Jung-Harry werden.

Das Projekt war noch kaum an Harrys merkantilischem Unvermögen gescheitert, schon hatte Betty einen neuen, einen schon recht zeitgemäß anmutenden Plan. In Preußen waren die ersten Juden zum Staatsdienst zugelassen worden. Und so ein Beamter, der hatte doch sein geregeltes Einkommen und Auskommen, und dann noch eine schöne Pension. Die beste Qualifikation dafür war das Studium der Jurisprudenz. So wurde Harry Heine Doktor beider Rechte und nannte sich Heinrich.

Mutter Betty hat sich, solange er lebte, Sorgen gemacht um diesen Sohn, der weder ein Offizier noch ein Bankier noch ein Senatssyndikus, ja nicht einmal ein Professor oder ein Geistlicher geworden war – auch diese beiden Möglichkeiten waren im Familienrat erwogen worden –, sondern der nun in Paris den erstaunlichen und bei seinen Ansprüchen an das Leben von vornherein zum Scheitern verurteilten Versuch unternahm, vom Verkauf dessen, was er schrieb, zu leben. Schwager Salomon sprach nur deutlich aus, was Betty selber argwöhnte: diese Art zu leben war an sich und als solche unter keinen Umständen seriös. Oder wie Heine selber später in den »Memoiren« schrieb: ». . . ein Poet war ein zerlumpter armer Teufel, der für ein paar Taler ein Gelegenheitsgedicht verfertigt und am Ende im Hospital stirbt.«

Natürlich gab es eine poetische Ader in der Familie. Man schrieb Gedichte zu festlichen Anlässen. Poesie wurde kultiviert für Poesie-Alben – ein hübscher Zeitvertreib für müßige Stunden, als solcher durchaus respektabel, wie Hausmusik. Aber ein Beruf war das doch gewiß nicht. Es gab niemanden weit und breit, in der Familie nicht, in der Bekanntschaft nicht, der so lebte.

Heine war der erste freie Schriftsteller der Deutschen.

Dieser Titel wird auch für Klopstock, Wieland und Lessing beansprucht – als ob er so wünschenswert wäre. Definieren wir als »freien Schriftsteller« jemanden, der keine festen Einnahmen hat und allein vom Verkauf dessen, was er schreibt, zu leben versucht, dann ist Heine der erste; denn weder die Zuwendungen von Onkel Salomon noch die Pension der französischen Regierung (die ja gerade dann gestrichen wurde, als der alternde Kranke sie am nötigsten brauchte) waren ein verläßliches Einkommen. Heines dauernde Versuche, zu Geld zu kommen, von den vielen Bettelbriefen bis zu milden Erpressungen, kann nur verstehen, wer sich ausreichend klarmacht: er hatte oft keinen Centime, um die Miete zu bezahlen und den verhältnismäßig bescheidenen Lebensunterhalt.

An die Mutter schrieb Henri über dieses Leben in Paris viel Stilisiertes. Sie wenigstens sollte glauben, daß der Sohn nichts zu bereuen, daß die Mutter alles so gut, wie sie es meinte, gemacht hatte. Es gehe ihm prächtig, so schreibt er noch, als er dem unbarmherzigen Zugriff der Krankheit schon ganz preisgegeben ist und oft nicht weiß, wovon er den Arzt und die Rechnungen seiner Frau bezahlen soll.

Er überzieht, hier wie so oft – das ist eine Variation seines Stilisierungswillens. Er treibt geradezu einen Mutter-Kult, wie wir ihn dann erst bei seinem späten Nachfahren Erich Kästner wieder treffen.

»Mein Sehnen und Verlangen wächst,
Die alte Frau hat mich behext,
Ich denke immer an die alte,
Die alte Frau, die Gott erhalte!

Die alte Frau hat mich so lieb,
Und in den Briefen, die sie schrieb,
Seh' ich, wie ihre Hand gezittert,
Wie tief das Mutterherz erschüttert.

Die Mutter liegt mir stets im Sinn,
Zwölf lange Jahre flossen hin,
Zwölf lange Jahre sind verflossen,
Seit ich sie nicht ans Herz geschlossen.

Nach Deutschland lechzt' ich nicht so sehr,
Wenn nicht die Mutter dorten wär;
Das Vaterland wird nie verderben,
Jedoch die alte Frau kann sterben.«

Wir kennen nur ein spätes Mütterchen-Bild der Betty van Geldern-Heine. Das ist ein guter Kopf, ein gutes Gesicht. Aber sehr viel ist daraus nicht abzulesen. Ich stelle mir gern vor, daß Harry seine Mutter vor Augen hatte, als er die Frau Sara des Rabbi von Bacherach beschrieb: »Dieses Antlitz war rührend schön, wie denn überhaupt die Schönheit der Jüdinnen von eigentümlich rührender Art ist; das Bewußtsein des tiefen Elends, der bitteren Schmach und der schlimmen Fährnisse, worinnen ihre Verwandte und Freunde leben, verbreitet über ihre holden Gesichtszüge eine gewisse leidende Innigkeit und beobachtende Liebesangst, die unsere Herzen sonderbar bezaubern.«

Vielleicht ist das Bild zu zauberhaft. Es könnte darüber hinwegtäuschen, daß Heines treueste Liebe, die zu seiner

Mutter, zwei starke Stützen hatte: Respekt und Dankbarkeit. Respekt hat er später auch vor Rahel Varnhagen; dankbar ist er auch Mathilde. Ehrfurcht und Schuldgefühl zusammen, stabilisierende Faktoren der Liebe, hat er keiner anderen Frau gegenüber je wieder so empfunden.

Sigmund Freuds Erkenntnisse müssen nicht strapaziert werden für die Einsicht, daß Heines Verhältnis zu Mädchen und Frauen nur dann richtig gesehen werden kann, wenn man diese Mutter so wenig vergißt, wie Harry-Heinrich-Henri sie je vergessen hat. Ideologische Betrachtung ist allzu geneigt, solche biologisch-psychologischen Grundgegebenheiten gering zu schätzen oder völlig zu übersehen.

In Heines späten, schon vom Schreibenden auf seine eigene poetische Wahrheit hin stilisierten, dann von Bruder Max noch redigierten »Memoiren« sind ein paar Sätze enthalten, in denen die Beziehungen sich andeuten, die von der Mutter her zu denen führen, die hier, nach Heines Vorbild, seine »Mädchen und Frauen« genannt werden.

Sie heißen: »Soviel wirst du gemerkt haben, teurer Leser, daß die Inokulation der Liebe, welche meine Mutter in meiner Kindheit versuchte, keinen günstigen Erfolg hatte. Es stand geschrieben, daß ich von dem großen Übel, den Pocken des Herzens, stärker als andere Sterbliche heimgesucht werden sollte, und mein Herz trägt die schlechtvernarbten Spuren in . . . reichlicher Fülle . . .«

Das sind sonderbare Sätze, sonderbar unpräzise, sonderbar unvollständig. Ich habe mich nur ungern dazu bekehren lassen, daß sie gelesen werden müssen, als stünde da: Vergeblich hat meine Mutter mir ein Gegengift gegen die Sexualität einzuimpfen versucht. Die ist dann dennoch schlimmer als bei anderen bei mir ausgebrochen.

Sonderbar unpräzise: »Inokulation der Liebe« heißt doch, im Französischen eindeutiger noch als im Deutschen, »Einpflanzung, Einimpfung der Liebe«. »Impfung gegen die Liebe«, »Austreibung der Liebe« jedoch muß man hier verstehen, weil sonst der Satz von den »Pocken des Herzens« wohl keinen Sinn ergäbe.

Sonderbar unvollständig: Die Sätze stehen am Ende der »Memoiren«, gleich hinter der Josepha-Geschichte, welche die Mutter aus mancherlei Gründen mißbilligt haben könnte, aber doch gewiß nicht wegen ausschweifender Sexualität.

Diese Sätze können so, wie sie überliefert sind, nicht von Heine geschrieben worden sein. Mir sind sie einer der stärksten Beweise dafür, daß an Heines so unvermittelt abbrechenden »Memoiren« vor allem am Schluß herumgepfuscht worden ist. Die Tendenz des »Überarbeiters« zeichnete sich, wenn das so wäre, deutlich genug ab: Er will, daß wir Heine als den von Eros und Sexus Geschlagenen sehen, er baut mit an der Tannhäuser-Legende.

Aber wer, welche von Heines Mädchen und Frauen ist die Venus? Doch nicht etwa Josepha, auf die sich »das große Übel« direkt zu beziehen scheint?

2 *Die erste Liebe: eine Sechzehnjährige im 19. Jahrhundert*

2 Josepha, Nichte der Frau Göchin

Keine Venus – kein Tannhäuser

Wir müssen Heines Wort dafür nehmen, daß es Josepha, die Henkerstochter, wirklich gegeben hat. Ihre Spuren aus der Dichtung in die Wirklichkeit zu verfolgen, ist so gut wie unmöglich.

»Dichtung«? Den Buchstaben des Titels nach handelt es sich bei dem, was Heine schrieb, als er das fünfzigste Lebensjahr längst überschritten hatte und unheilbar krank war, um »Memoiren«.

Freilich folgen diese Memoiren den Gesetzen poetischer Prosa, wie wir sie vor allem aus den Reisebildern kennen. Die Einleitung macht das deutlich genug: »Das arme Krankenzimmer ist in diesem Augenblick fast wohllustig heimlich, und ich sitze schmerzlos im großen Sessel.

Da tritt dein holdes Bild herein, ohne daß sich die Türklinke bewegt, und du lagerst dich auf das Kissen zu meinen Füßen. Lege dein schönes Haupt auf meine Knie und horche, ohne aufzublicken.

Ich will dir das Märchen meines Lebens erzählen.«

Nehmen wir Heine, der zu Josepha-Zeiten Harry hieß,

beim Wort Henri Heines, der in Paris als Siebenundfünfzigjähriger seine Memoiren schreibt, dann ist dies die Geschichte seiner ersten Liebe:

Er war sechzehn Jahre alt, als er sich dabei ertappte, daß er eine einmal »Göchin«, ein andermal auch »Göcherin« genannte Frau immer häufiger in ihrer einsamen Wohnung am Stadtrand von Düsseldorf besuchte. Sie soll die Witwe eines Scharfrichters gewesen sein, von dem wir sonst nichts wissen. Schon allein dank so blutiger Bettverwandtschaft galt sie als Hexe. Und der junge Harry hatte sie durch Frau Zippel kennengelernt, die im Hause Heine der Mutter die gröbsten Arbeiten abnahm.

Den Jungen faszinierten die Geschichten, die diese Göchin erzählen konnte von armen Sündern und ihrem letzten Gang, von Henkern und ihren geheimnisvollen Zusammenkünften, von Toten, die im Grabe keine Ruhe finden.

Später formte er diese Geschichten zu Versen, entnahm er ihnen Motive und Versatzstücke für den Kosmos seiner Poesie.

Eher noch lieber als der Göchin hörte er deren sechzehnjähriger Nichte Josepha zu, die wegen ihrer Haarfarbe »das rote Sefchen« genannt wurde. Sie, so erinnert sich der Memoiren-Schreiber vierzig Jahre später, war auch der Anlaß dafür, daß er so oft die Gochs, wie sie hier genannt seien, besuchte.

Bei einem dieser Besuche soll es dann geschehen sein, daß Sefchen das Hundertmordschwert ihres Großvaters – auch er ein Henker, dieser ebenso verachtete wie einträgliche Beruf blieb in der Familie – aus einer Rumpelkammer hervorholte. Henker waren, unter anderem, abergläubisch. Um drohendem Unheil vorzubeugen, verwendeten sie ihr Handwerkszeug immer nur hundertmal. Auch so spärliche Nutzung deutet freilich darauf hin, daß bis weit ins 18. Jahrhundert hinein Gerichtsurteile verhängt und vollstreckt wurden, wie wir sie uns so drastisch und so zahlreich heute nur mit Mühe vorstellen können. Denn jede Gerichts-Stadt hatte auch ihren Henker, und viele dieser Henker müssen ausreichend beschäftigt gewesen sein, um das »Hundertmordschwert« zum geläufigen Begriff zu machen.

Mit dem riesigen Tötungsinstrument in der Hand fragte das blasse, hochaufgeschossene Mädchen im langen, blutroten Lockenhaar (so wird es von Heine beschrieben) die Frage eines alten Liedes: »Willst du küssen das blanke Schwert, das der liebe Gott beschert?«

Aber Harry küßte nicht das Schwert, sondern Josepha, die sich nicht wehren konnte, da sie fürchten mußte, den Freund zu verletzen, wenn das Schwert ihr aus der Hand gefallen wäre.

Heines erster Kuß, im Alter von sechzehn Jahren. Falls das ein Häkchen werden wollte, versäumte es, sich beizeiten zu krümmen.

Das könnte freilich alles frei erfunden sein. Wir haben keine Belege. Alle anderen, die etwas von der rothaarigen Henkerstochter zu berichten wissen, Bruder Maximilian zum Beispiel in seinen »Erinnerungen an Heinrich Heine und seine Familie«, haben es bei Heine abgeschrieben.

Auch in der verdienstvollen Untersuchung von Glenzdorf und Treichel, »Henker, Schinder und arme Sünder«

(Bad Münder, 1970), finden wir unter fast sechstausend Namen von Henkern und ihren Angehörigen keinen Hinweis auf Josepha oder die Göchin, der historisches Verifizierungsbemühen einigermaßen befriedigen könnte.

Wie sollten wir auch? Heine nennt uns einen Vornamen, den er leicht geändert haben könnte, und einen Familiennamen, der als Herkunftsbezeichnung erklärt wird: die Göchin oder Göcherin heißt, wie sie heißt, weil sie aus Goch kommt. Ihr Mann und ihr Schwager, die Henker, hießen also vermutlich nicht Goch.

Kurioserweise kommt man einem dokumentarisch belegten Henkersnamen am nächsten, wenn man das Unvermutete für richtig hält. Es gab nämlich im 18. Jahrhundert in Kleve, also nicht weit entfernt von Düsseldorf, einen Henker Arnold Heinrich Goecke. Weibliche Mitglieder der Familie hätten dann nach Landesbrauch durchaus »Göckin« oder »Göckerin« heißen können – woraus leicht auch »Göchin« hätte werden können, vor allem dann, wenn man den Namen irrtümlich für eine Herkunftsbezeichnung (»aus Goch«) gehalten hätte.

Gleichviel – daß es in Heines Jugend in und um Düsseldorf Scharfrichter und ihre Familien noch gab, ist erwiesen. Es gab sogar eine Henkerstocher, die freilich nicht Josepha hieß, sondern Margarethe Moseler. Sie war vier Jahre jünger als Heines Sefchen.

Immerhin, die gesellschaftlichen wie die historischen Voraussetzungen für die wirkliche Existenz des roten Sefchens sind gegeben, ob sie nun Margarethe hieß oder Fräulein Goecke oder ganz anders (auch eine Familie Edel wird von der Scharfrichter-Forschung ins Spiel gebracht).

Da die äußere Evidenz nicht gegen Heines Freundin, das Henkerskind, spricht, spricht die innere Evidenz um so stärker dafür.

Es ist bemerkt worden, daß Henker und Enthauptete in Heines Bildersprache ständig wiederkehren; man hat den Atem Sefchens auch in der Traum- und Gespensterwelt der frühen Gedichte deutlich zu spüren gemeint. Heine selber behauptet, »ein düstres und grausames Kolorit« sei durch Josepha in seine ersten Gedichte, in die »Traumbilder«, hineingekommen.

Auch das reicht wohl nicht aus, um daraus mit Sicherheit auf die wirkliche Bekanntschaft mit einer wirklichen Henkerstochter schließen zu können. Jung-Harry könnte sie ja dennoch erfunden und über Scharfrichter und ihre Bräuche nur viel gelesen haben. Das Otiljen-Lied zum Beispiel, aus dem Sefchens Frage vor dem Kuß stammt, war in vielen Sammlungen zugänglich. Vielleicht hat Heine nur eine Geschichte um dieses Lied herum geschrieben.

Das ist möglich. Aber nicht wahrscheinlich. Denn zur Realität der niederrheinischen Scharfrichterfamilien in der Heine-Zeit, zu der engen Vertrautheit Heines mit der Welt der Henker und Enthaupteten, zur eigentümlichen Anziehungskraft, die diese Welt auf ihn auszuüben schien, kommt nun noch die Art, wie die Josepha-Geschichte geschrieben, wie die Heldin dieser Geschichte beschrieben ist.

Heines poetische Phantasie lebt von vorgeprägten Bildern, schweifenden Assoziationen, witzigen Pointierungen. Er ist ein souveräner Arrangeur von Vorgefundenem.

Die reine Erfindung war seine Stärke nicht. Es ist kein Zufall, daß sich bei ihm – ganz anders als etwa bei Hölderlin – die Frage nach dem Wirklichkeitsbezug seiner Poesie immer wieder stellt.

Vergleicht man nun das rote Sefchen etwa mit den Mädchen und Frauen im »Buch der Lieder«, aber auch in den Reisebildern, so wird allein sie so deutlich, daß einer jener geschickten Leute, wie die Kriminalpolizei sie beschäftigt, ihr Bild nach den Angaben des Beschreibers zeichnen könnte. Sie war »kaum sechzehn Jahre alt«; aber »plötzlich aufgeschossen zu einer hohen, schlanken Gestalt«, schien sie viel älter zu sein. Sie war »äußerst mager«, hatte eine »enge Taille«, »und da sie kein Korsett und kein Dutzend Unterröcke trug, so glich ihre eng anliegende Kleidung dem nassen Gewand einer Statue«. Ihre Schönheit rührte daher, daß »jede Bewegung die Rhythmen ihres Leibes . . . offenbarte«. Sie hatte ein edel geschnittenes Gesicht »von einer etwas wechselnden Weiße«. »Ihre großen tiefdunklen Augen sahen aus, als hätten sie ein Rätsel aufgegeben und warteten ruhig auf die Lösung, während der Mund mit den schmalen, hochaufgeschürzten Lippen und den kreideweißen, etwas länglichen Zähnen zu sagen schien: ›Du bist zu dumm und wirst vergebens raten.‹« »Ihr Haar war rot, ganz blutrot, und hing in langen Locken bis über ihre Schultern hinab, so daß sie dasselbe unter dem Kinn zusammenbinden konnte.«

Wie ihr Äußeres, so schildert Heine auch Josephas Charakter mit einer bei seinen Frauenbeschreibungen ganz ungewohnten Präzision. Das alles für reine Fiktion zu halten, erschiene mir unnötig mühsam. Und es wäre doch recht verdrießlich, wenn Heine neben dem Einfluß auf seine Gedichte noch zwei weitere entscheidende Anstöße in seinem Leben einem reinen Phantasiegebilde einräumte.

Mir erscheint von Josepha alles echt – außer vielleicht dem Namen. Namensänderungen waren für Heine ein beliebtes Stilmittel im biographisch-poetischen Verwirrspiel seiner Verse wie seiner Prosa.

So hat Josepha in ihrer Rolle als erste Liebe zwei zuweilen ernstgenommene Konkurrentinnen, von denen die eine keinen Vornamen und nur einen unzuverlässigen Familiennamen, die andere keinen Familiennamen und nur einen unzuverlässigen Vornamen hat.

An die eine erinnert sich Bruder Maximilian als an »ein wunderschönes, schlankes Mädchen mit langen blonden Locken«, »die Tochter des Appellationsgerichts-Präsidenten von A . . .«.

Offenbar war der Vorfall bei Heines zu einer beliebten Familiengeschichte gediehen: Als der fünfzehnjährige Schüler Harry Heine bei einer Schulfeier Schillers »Taucher« aufsagen mußte, soll er völlig fasziniert gewesen sein von diesem Mädchen im Publikum; dreimal blieb er stekken »und sank dann ohnmächtig zusammen«.

Sie war, so wird vermutet, die schöne Maid,

»Die so manches Jünglings Herz erfreut,
Und in manches gesendet viel Glut hinein,
Die blühende Rose am blühenden Rhein.«

Wer sie sonst noch war, ist ein Geheimnis geblieben. Zwar hat man ihren Vater als mit einem Herrn von Ammon identisch erklärt. Aber über das Mädchen ist auch dadurch nicht mehr bekannt geworden.

Die andere Mitbewerberin um Heines Jugendliebe ist jene »Evelina«, der Heine das Buch Le Grand gewidmet hat. Die Heine-Kriminalisten haben dahinter alle möglichen Damen entdeckt, von einer entfernten Verwandten Evelina van Geldern bis zur Cousine Amalie, von der noch ausführlicher geredet werden muß.

Die »Memoiren« sind gewiß keine verläßliche Autobiographie. Sie sind es in der uns überlieferten Form um so weniger, als die Familie, vor allem Bruder Maximilian und Vetter Carl, die 28 Jahre zwischen Heines Tod und der Veröffentlichung der »Memoiren« im Jahre 1884 sehr wahrscheinlich dazu genutzt hat, alles zu tilgen, was durch seinen Wahrheitsgehalt als unangenehm empfunden wurde.

Ebenso gewiß jedoch sind die »Memoiren« keine reine Erfindung. Das macht die Beschäftigung mit Heine für den Adepten historischer Wahrheit so faszinierend: wie da jede Aussage irgendwo zwischen erlebter Wirklichkeit und reiner Phantasie eingeordnet werden muß und nur selten ganz dem einen Extrem zugeordnet werden kann oder ganz dem anderen.

Phantasielose Kritiker haben von Heines »Verlogenheit« gesprochen. Der reine Positivist muß es schon als ärgerlich empfinden, daß er Heine so selten »aufs Wort« glauben darf. Aber einen so hohen Wert hat die Rekonstruktion gelebter Wirklichkeit nun wieder nicht, daß sie einem die Freude nehmen dürfte am phantastischen Schillern jenes Venusberges, den da ein Tannhäuser-Imitator mit viel Liebesschmerz in der eigenen Brust kunstvoll um sich herum aufbaut. Es ist ja doch ganz in einer eigenen Ordnung, daß für Heine die Wahrheit seiner Legenden und Lamentationen höher stand als die alltägliche Wirklichkeit.

Josepha freilich gehört in beide Welten. Diese Annahme wird noch erhärtet durch zwei Funktionen, die Heine ihr in seinem Leben zuweist.

Die erste weckt zunächst einmal neue Zweifel. Der Memoiren-Schreiber: »Trotz der Infamie, womit jede Berührung des unehrlichen Geschlechtes jeden behaftet, küßte ich die schöne Scharfrichterstochter. Ich küßte sie nicht bloß aus zärtlicher Neigung, sondern auch aus Hohn gegen die alte Gesellschaft und alle ihre dunklen Vorurteile, und in diesem Augenblick loderten in mir auf die ersten Flammen jener zwei Passionen, welchen mein späteres Leben gewidmet blieb: die Liebe zu schönen Frauen und die Liebe für die Französische Revolution . . .«

Ganz so nahtlos läßt sich das rote Sefchen wohl nicht mit der roten Fahne verbinden. Da ist in die Erinnerungen hineinredigiert, da ist dem Sefchen nachträglich ein Platz im Ganzen eingeräumt worden.

Ansätze allerdings gab es. Es wäre durchaus möglich, daß Heine sich, wenn er mit Sefchen zusammen war, recht intensiv seiner eigenen Außenseiter-Rolle bewußt wurde. Der nur mit angestrengter Freundlichkeit geduldete Judenjunge küßte die nach dem Sittenkodex der Bürger ehrlose Henkerstochter.

Bleibt die »Liebe zu schönen Frauen«, bei der nicht so ganz einzusehen ist, was Josepha dafür hat tun können. Sie paßte gar nicht ins Legenden-Muster; denn weder war sie eine Venus, noch gab sie Tannhäuser Grund, sich unglücklich zu fühlen.

Um sie passend zu machen, erinnert sich Heine an seine Studien zu »Shakespeares Mädchen und Frauen«:

»Ich will meine Liebe zu Josepha nicht näher beschreiben. So viel aber will ich gestehen, daß sie doch nur ein Präludium war, welches den großen Tragödien meiner reiferen Periode voranging. So schwärmte Romeo erst für Rosalinde, ehe er seine Julia sieht.«

Dazu will allerdings nicht so recht passen, was der Shakespeare-Frauen-Deuter einst über Rosalinde und Julia gesagt hat: »Ich wage es nicht, Shakespeare im mindesten zu tadeln, und nur meine Verwunderung möchte ich darüber aussprechen, daß er den Romeo erst eine Leidenschaft für Rosalinde empfinden läßt, ehe er ihm Julien zuführt . . . Oder ist die zweite Liebe bei dem Manne die stärkere . . .? Bei dem Weibe gibt es keine zweite Liebe . . .«

Auch wer geneigt ist, Unterschiede zwischen »dem Manne« und »dem Weibe« in größerem Maße gelten zu lassen als heute üblich, könnte ein wenig erschrecken über die Entbehrungen, die von Heine mit solcher Entschiedenheit allen Frauen angedichtet werden.

Keine »zweite Liebe«? Und der das schrieb, hatte George Sand gekannt!

Wir wissen nicht, ob Josepha, falls es sie denn doch gab, je wieder für einen anderen »geschwärmt« hat. Es wäre immerhin vorstellbar. Harry freilich »schwärmte« auch weiterhin. Und da für ihn, der seine Memoiren schreibt, die wir leider nur in einer zensierten Version kennen, Josepha als Rosalinde wieder lebendig wurde, ist damit die Rolle der Julia offenbar schon vergeben.

3 Eine der vier Hamburger Cousinen: Therese Heine

3 Amalie, Therese, Friederike Heine

Lyrik, Liebe und Leben

Es hat sich in der Heine-Geschichtsschreibung seit den ersten Biographen, seit Adolf Strodtmann, Georg Brandes und vor allem Gustav Karpeles, eingebürgert, die Cousine Amalie Heine, die Tochter des reichen Hamburger Onkels Salomon, als Harry-Romeos Julia zu sehen. Sie sei die einzige Frau gewesen, so heißt es da, die Heine je wirklich geliebt hat. Und dadurch, daß sie am Ende seine Liebe doch nicht ausreichend erwiderte, jedenfalls offensichtlich nicht bereit war zu einem Bündnis auf Lebenszeit, geriet Harry, der sich im anglophilen Hamburg auch Henry nennen ließ, auf die schiefe Ebene. Dies wird mit einer Zuversicht behauptet, die nüchterne Nachprüfer das Staunen lehren kann.

Daß Henry Heine ein enges Verhältnis zu seinen Cousinen hatte, ist sehr wahrscheinlich. Und daß er Amalies wegen ein paarmal schier verzweifeln wollte, auch. Aber gesicherte Daten reichen nicht aus zur Konstruktion einer alles verzehrenden Leidenschaft von der Art, für die ein Leben zu kurz ist.

Und deswegen tun die ersten und nach ihnen viele andere Biographen etwas Unzulässiges: Sie lesen das »Buch der Lieder«, und im »Buch der Lieder« vor allem das »Lyrische Intermezzo«, als fortlaufende Autobiographie einer großen Liebe – als ob ein »Intermezzo« nicht ein »Zwischenspiel« wäre.

»Im wunderschönen Monat Mai,
Als alle Knospen sprangen,
Da ist in meinem Herzen
Die Liebe aufgegangen.

Wenn ich in deine Augen seh,
So schwindet all mein Leid und Weh;
Doch wenn ich küsse deinen Mund,
So werd ich ganz und gar gesund.

Auf den Flügeln des Gesanges,
Herzliebchen, trag ich dich fort . . .

Du liebst mich nicht, du liebst mich nicht . . .
Du hassest, hassest mich sogar . . .

Die Welt ist dumm, die Welt ist blind,
Wird täglich abgeschmackter!
Sie spricht von dir, mein schönes Kind:
Du hast keinen guten Charakter.

Wie die Wellenschaumgeborene
Strahlt mein Lieb im Schönheitsglanz,

Denn sie ist das auserkorene
Bräutchen eines fremden Manns.

Ich grolle nicht, und wenn das Herz auch bricht,
Ewig verlornes Lieb! ich grolle nicht.

Ich hab dich geliebet und liebe dich noch!
Und fiele die Welt zusammen,
Aus ihren Trümmern stiegen doch
Hervor meiner Liebe Flammen.

Die alten, bösen Lieder,
Die Träume schlimm und arg,
Die laßt uns jetzt begraben,
Holt einen großen Sarg . . .
Wißt ihr, warum der Sarg wohl
So groß und schwer mag sein?
Ich legt' auch meine Liebe
und meinen Schmerz hinein.«

Gewiß doch, eine rührende Geschichte. Und wenn einige Zeugnisse dafür sprechen, daß sie sich ganz so nicht abgespielt haben kann – was soll es?

Es soll Schluß machen mit der Verwechslung poetischer und alltäglicher Wahrheit. Denn die gleichen Leser und Interpreten, die aus dem »Buch der Lieder« ein Heine-Bild gewinnen, das sie zu Tränen rührt, werden ganz ärgerlich über den Amalien-Verehrer, wenn er in seinen »Neuen Gedichten« schreibt:

»Diese schönen Gliedermassen
Kolossaler Weiblichkeit
Sind jetzt, ohne Widerstreit,
Meinen Wünschen überlassen.«

Und empört suchen sie irgendwo in Henris Pariser Nachtleben nach jener Diana, der die zitierten Verse gewidmet sind.

So läßt sich nicht herausfinden, welche Rolle »die Liebe« im Leben des zweitberühmtesten deutschen Liebeslyrikers gespielt hat; auch nicht: aus welchem Stoff seine Verse gemacht sind.

Wenden wir uns dem zu, was wirklich geschah.

Amalies Vater Salomon Heine war aus dem Hannoverschen nach Hamburg gezogen und dort ein viel erfolgreicherer Geschäftsmann geworden als in Düsseldorf sein Bruder Samson, Harrys Vater. Er gehörte zu den wenigen deutschen Juden, die sich wie die Rothschilds durch ihren Reichtum schon vor der allgemeinen Emanzipation emanzipieren konnten. Bei seinen Mitbürgern war er außerordentlich beliebt um seiner weisen Weltsicht und großzügigen Wohltätigkeit willen. Das, was man einen »musischen Menschen« nennt, war er kaum.

Zu Hause herrschte er, Deutscher und Jude zugleich, als ein Patriarch, wie er im Buche emanzipierter Frauen steht. Vor allem in dem Ottenser Landhaus an der Rainville-Terrasse über der Elbe, wo die Familie meistens sich aufhielt, galten strenge Sitten und »eine gewisse steife Förmlichkeit«. Sechs Kinder wollten erzogen sein, vier Mädchen mußten unter die Haube gebracht werden –

darum allein eigentlich ging es bei der Erziehung des schönen Geschlechts. Für eine gute Mitgift war gesorgt bei einem Mädchen, das das Glück hatte, eine Tochter Salomon Heines zu sein. Die erste und wichtigste Bedingung für das Zustandekommen einer guten Ehe war damit erfüllt. Nun hieß es nur noch – zweite Bedingung – den guten Ruf wahren.

Das kann nicht einfach gewesen sein, wenn man einen Cousin im Hause hatte, der seine eigene Art zu leben durchsetzen wollte, dem es bei dem Onkel und den Mädchen viel zu »geziert und geschwänzelt« zuging.

Während seines ersten kurzen Besuches in Hamburg, im Februar 1815, scheint Harry die Cousine Amalie nicht gesehen zu haben. Statt dessen schreibt er ihrer älteren Schwester Friederike ins Stammbuch:

»Holde Mädchen geben's viele; doch nur eine Rika. So müssen die Engel seyn . . . Ach! Laß mich kommen ins Himmelreich, O Herr! Wo solche Engel sind.«

Eineinhalb Jahre danach heißt der Engel Amalie oder, vertrauter, Molly.

Und sieben Jahre später wird sich Heinrich in deren Schwester Therese verlieben – »eine neue Torheit auf die alte aufpfropfen«, wie er seinem Freund Moser schreibt.

Da wundert es einen doch ein bißchen, wieso er eigentlich Fanny, die vierte der Schwestern, ausgelassen hat.

Die nach allem, was man so hört, größte Liebe Heinrich Heines dauerte nicht einmal drei Monate. Überliefert ist davon so wenig, daß man die ausführlichen und ins einzelne gehenden Angaben einiger Biographen nur bewundern kann.

In Heines Leben und Lieben steht eigentlich sehr wenig fest. Was zu einiger Verwunderung Anlaß geben könnte. Denn schließlich ist das alles so lange noch nicht her. Schließlich war Heine auch nicht jemand, der nach innen gelebt, der seine persönliche Sphäre nach außen hin abgeschirmt hätte. Und dazu war er schon früh so berühmt, daß alle Welt sich für ihn interessierte, dreißig Jahre lang. Es ist daher auch über keinen anderen deutschen Dichter außer allenfalls Goethe so viel geredet und geschrieben worden. An Mitteilungen über Heine aus zweiter und dritter Hand mangelt es nicht.

Woran liegt es, daß wir im Grunde dennoch so wenig Genaues wissen? Die übliche Erklärung ist die, daß Heines Familie aus dem Nachlaß alles Autobiographische getilgt hätte, was auch nur im geringsten der Familienehre hätte abträglich sein können.

Das ist gewiß richtig. Aber es reicht als Erklärung kaum aus. Es sind so viele von Heine geschriebenen Briefe erhalten und so wenig an ihn gerichtete. Ob da nicht Heine selber zensiert, also Briefe, die ihm nicht paßten, weggeworfen hat?

Heine war schon zu Lebzeiten eine Figur der Legende. Er wußte das, und er genoß es. Er wollte nichts hinterlassen, was die Legende hätte stören können, die seiner persönlichen Wahrheit so viel besser entsprach als die – damit verglichen eher nüchterne – Wirklichkeit.

»Die Dichter«, schreibt Heine in »Shakespeares Mädchen und Frauen«, »präsentieren sich der Welt im Glanze ihrer Werke, und besonders wenn man sie aus der Ferne sieht, wird man von den Strahlen geblendet . . . Sie sind wie jene holden Lichter, die, am Sommerabend, aus Rasen und Lauben so prächtig hervorglänzen, daß man glauben sollte, sie seien die Sterne der Erde . . . Ach! Suche nicht am Tage die Spur jener Sterne . . . Statt ihrer siehst du ein armes, mißfarbiges Würmchen, das am Wege kläglich dahinkriecht . . .«.

Ein Kernstück der Dichter-Legende, die die Würmchen-Wirklichkeit überstrahlen soll, ist die Cousine Amalie Heine. Sie selber war gewiß wirklich genug; nur wissen wir beinahe nichts von dieser Wirklichkeit, in der das Verhältnis zu dem verwirrenden, teils ganz eindrucksvollen, teils aber auch recht lästigen Cousin wahrscheinlich wenig Raum beansprucht. Amalie wurde nur neununddreißig Jahre alt, hatte also kaum Gelegenheit, eine flüchtige Jugendliebe bewußt zum zweiten Male zu erleben.

Eine »flüchtige Jugendliebe«? Flüchtig war sie sicher. Am 6. Juli 1816 schreibt Heine an seinen intimsten Jugendfreund Christian Sethe, er freue sich, daß »Molly« in vier Wochen in Hamburg eintreffen werde. Anscheinend hatte er sie zwei Jahre vorher bei einem Besuch Salomon Heines mit Tochter in Düsseldorf kennengelernt – ohne daß ihn das während dieser zwei Jahre sonderlich bewegt zu haben scheint.

Molly mag dann ja wohl im August 1816 (und nicht »im wunderschönen Monat Mai«) ins Hamburger Vaterhaus zurückgekehrt sein. Und schon am 27. Oktober des gleichen Jahres schreibt Heine an Sethe: »Sie liebt mich nicht.«

»Es ist eine alte Geschichte«
– so heißt das dann im »Buch der Lieder« –
»Doch bleibt sie immer neu;
Und wem sie just passieret,
Dem bricht das Herz entzwei.«

Da ist es dann doch, ehe man in Tränen zerfließt, recht erfrischend zu lesen, wie Heine die Geschichte elf Jahre später selber sieht. Als Neugier ebenso sehr wie Familienrücksichten ihn drängen, Amalie, nun schon seit langem verehelichte Madame Friedländer, wiederzusehen, schreibt er an den ihm auf sonderbare Weise vertrauten Varnhagen von Ense: »Ich bin im Begriff, diesen Morgen eine dicke Frau zu besuchen, die ich in elf Jahren nicht gesehen habe, und der man nachsagt, ich sei einst verliebt in sie gewesen.«

Pose? Natürlich. Heines poetische Distanzierung von der Wirklichkeit kann man immer auch »Pose« nennen. Die Pose eines Mannes, der von sich selber einmal recht zutreffend gesagt hat, er habe mit dem Tod in der eigenen Brust den sterbenden Fechter gespielt. Aber wo neue Liebe lockt, läßt keiner sich gern an die alten Lieben erinnern.

Gleichviel – für das alles beherrschende, alles Spätere erklärende oder gar entschuldigende Liebeserleben müssen die zwei bis drei Monate, August bis Oktober des Jahres 1816, doch ein bißchen kurz erscheinen.

Wenn man Heines eigenen Worten glauben dürfte, hätte er Amalie übrigens danach nie mehr wieder getroffen. Denn der gerade erwähnte Brief an Varnhagen, in dem es heißt, er habe jene dicke Frau »in elf Jahren nicht gesehen«, ist im Oktober 1827 geschrieben. Ich halte es für möglich, daß sich Heine auch hier ein wenig über sein eigenes Leben im unklaren ist. Oder es nicht so genau nimmt. Richtig hingegen scheint mir, daß er dieser – in den Gedichten zur Liebe fürs Leben emporstilisierten – Frau nach zehn Wochen des Flirts und der offenbar ziemlich verletzenden Zurückweisung nicht mehr oft begegnet ist.

Gewiß brauchte dieses »Sie liebt mich nicht« nicht endgültig gewesen zu sein. Heine könnte sich auch getäuscht oder in die Rolle des unglücklichen Liebenden versetzt haben. Er versetzte sich gern in Rollen.

Ich glaube hier nicht daran. Mir fügt sich das alles anders sehr viel besser zusammen.

Da kommt ein Neunzehnjähriger aus dem damals noch kleinen Düsseldorf in die Weltstadt Hamburg. Er soll Kaufmann werden; denn seine Mutter war aus der militärischen Phase der Berufsplanung für ihren Ältesten, das glanzvolle Beispiel der Rothschilds, aber auch ihres Schwagers Salomon Heine vor Augen, in die merkantilische übergewechselt (der dann drei Jahre später die juristisch-staatsbeamtliche folgte).

In Hamburg findet Harry einen Wohlstand, wie er ihn aus Düsseldorf nicht kennt. Und mitten darin vier gepflegte, wohlerzogene, säuberlich und zuweilen auch kostbar gekleidete, ziemlich hübsche junge Mädchen – »blonde Jungfräulein, so artig, so niedlich und so kühl«. Er steht zu ihnen in jenem mit Recht seit jeher beliebten und nur durch eifernde Kirchenväter in Mißkredit geratenen Verhältnis von Cousin und Cousine. Das erlaubt vertrauliche Annäherung und schließt doch jene Distanz nicht aus, die erotische Funken zum Sprühen brauchen.

Amalie ist vor ihren Schwestern Friederike, Fanny und Therese einzig oder doch vor allem oder doch wenigstens am offensichtlichsten dadurch ausgezeichnet, daß die Sechzehnjährige zu dem Neunzehnjährigen im Alter am besten paßt. Als die damals erst achtjährige Therese herangewachsen ist, ändert sich das.

Daß der Vetter sich so sehr für sie interessierte, dürfte Amalie zunächst als ganz lustig und abwechslungsreich empfunden haben. Das Leben eines jungen Mädchens muß damals ungeheuer langweilig gewesen sein. Freunde hatte es nicht, erstens, weil der gute Ruf und damit der Ehestandswert darunter gelitten hätte; zweitens, weil sich ja auch wenig Gelegenheiten boten, junge Männer kennenzulernen. Diskotheken und Kinos gab es noch nicht. Die Tanzsäle der Großstadt waren ruinös für den guten Ruf. Theaterbesuche waren eine sehr förmliche Angelegenheit, mit Eltern. Und ins Haus kamen nur geladene Gäste, die auch nicht immer amüsant waren.

Eine sehr anschauliche und meinem Dafürhalten nach wirklichkeitsgetreue Beschreibung der Ottensener Szene verdanken wir Therese Devrient. Es ist etwa 1830. Amalie hat schon neun Jahre zuvor das Haus verlassen und den Gutsbesitzer John Friedländer geheiratet. Ihr Platz wird eingenommen von Therese, die freilich auch schon seit zwei Jahren verheiratet ist mit dem Handelsgerichtspräsidenten Adolf Halle.

Harry hat inzwischen in Bonn studiert und in Göttingen und Berlin, hat seine »Reisebilder« veröffentlicht und das »Buch der Lieder« und ist damit ein berühmter Mann geworden. Auch ist er zum christlichen Glauben übergetreten und läßt sich nicht mehr gern familiär Harry oder hamburgisch-englisch Henry nennen, sondern er hat sich für Heinrich entschieden.

Therese Devrient, die Frau eines Schauspielers (nicht des berühmten Devrient, sondern eines Verwandten) und keine Verehrerin Heinrich Heines, berichtet: »An der Elbe neben dem bekannten Rainville lag die Besitzung Heines, mit derselben berühmtschönen Aussicht wie jenes. Der kleine, dicke, alte Mann mit weißen Haaren begrüßte uns sehr freundlich, schüttelte uns herzlich die Hände und sagte: ›Wenn ich Ihnen irgend etwas nützen kann, soll es mit Freuden geschehen, denn Sie sind mir von meinem besten Freund Abraham Mendelssohn empfohlen worden . . .‹ Er bat uns, ihm in den Garten zu folgen, wo wir eine ziemlich zahlreiche Gesellschaft fanden, die trotz aller Ungezwungenheit des Benehmens doch eine gewisse steife Förmlichkeit zeigte, welche mir auffiel. Eine junge, hübsche Frau, seine jüngste Tochter, die einzige, welche sich von diesem Wesen freigemacht hatte, näherte sich mir freundlich, und wir plauderten, während wir in den schönen Alleen auf- und abgingen, den Blick auf die herrliche, breite Elbe, bis endlich um sieben Uhr der Diener uns zum Essen rief. Salomon Heine führte mich . . . Das Innere des Hauses machte einen überaus behaglichen Eindruck, es war von so gediegener Eleganz, daß man sie zuerst gar nicht merkte . . . Der Speisesaal, gleich im unteren Stock, bot außer reich mit Silbergeschirr besetztem Büfett und vielen Dienern in Livreen nichts Bemerkenswertes. Die

Unterhaltung bei Tisch mißfiel mir, da sie sich meist um die Delikatessen drehte, die eben aufgetragen und verzehrt wurden. Uns, die wir nicht Gourmands waren, entstand daraus die doppelte Beschwerde, so viele Leckerbissen durch das Aufzählen und Preisen derselben fast dreifach genießen zu müssen. In einiger Entfernung mir gegenüber saß ein Herr, der . . . mich mit zugekniffenen, zwinkernden Augen maß, dann geringschätzig und gleichgültig fortsah . . . ›Wer ist der Herr dort drüben?‹ fragte ich meinen Nachbar. ›Kennen Sie den nicht? Das ist ja mein Neffe Heinrich, der Dichter‹, und die Hand vor den Mund legend, flüsterte er ›die Canaille‹.«

Herzlich waren die Beziehungen zwischen Onkel und Neffe nicht. Sie waren es nie gewesen. 1816 hatte Salomon Heine noch getan, was ihm möglich war, um aus dem Jungen einen hanseatischen Kaufmann zu machen; er hatte ihm sogar eine eigene Firma eingerichtet. Sie ging schnell bankrott. Nicht möglich war es ihm, irgendwelche Techtelmechtel zwischen diesem jedem seriösen Gewinnstreben offenbar abgeneigten Tunichtgut, der sich für einen Dichter hielt, und seinen Töchtern zu dulden. Peinlich besorgt war er darum, daß der junge Heine immer eine eigene Wohnung hatte, in die er sich nachts zurückziehen konnte.

All diese klug planende Voraussicht ihres Vaters führte freilich nicht zu anhaltendem Familienglück der Töchter: Friederike und Fanny starben, noch nicht dreißigjährig, im Kindbett. Auch Molly-Amalie wurde nicht älter als neununddreißig. Mollys Ehemann, sagte man, soll am Ende dem Wahnsinn nahe gewesen sein.

Am besten hielt sich Therese. Ihr Mann zeigte zwar ebenfalls Symptome einer »Gemütskrankheit«; aber sie war kinderlos und dadurch gesund geblieben. Sie besuchte den Vetter, den sie um vierundzwanzig Jahre überlebte, noch in Paris. Und die Annahme liegt nahe, daß Therese ihm am Ende viel mehr bedeutete als Amalie.

Falls er da überhaupt unterschied. Denn das kann die Lektüre der Gedichte lehren, bei denen ein Zusammenhang mit den Cousinen immerhin konstruierbar ist: Während das rote Sefchen in den »Memoiren« so beschrieben wird, daß man es nach der Beschreibung zeichnen könnte, erstarren die Cousinen zu Klischees von Mädchen mit roten Mündchen, mit Äuglein süß und klar. Es steht zu fürchten, daß sie viel von dem zuweilen arg auf die Geschmacksnerven gehenden Tandaradei der Diminutive im »Buch der Lieder« unschuldig genug zu verantworten haben.

Als Marmorgöttinnen werden sie gern apostrophiert und als Madonnen. Er müsse immer eine Madonna haben, schrieb Heine. Aber wo die Madonnen Marmorgöttinnen sind, weht kühle Luft. Um sich nicht vollends zu erkälten, erwärmte sich Harry Heine wohl ab und zu auf die nicht nur landesübliche Art.

4 *Zwei deutsche Dienerinnen der Venus*

4 Verschiedene in Hamburg und Göttingen

Venus venenata

In Hamburg im Jahre 1816 beginnt, was als Heinrich Heines ausschweifendes Leben weltberühmt wurde. Wer die Frustrationen des jungen Düsseldorfers mit seinen steifleinenen Hamburger Cousinen so recht mitzuempfinden bereit ist, fühlt sich entschlossen zur Nachsicht. Inwieweit Heine solcher Nachsicht bedarf, soll ermittelt werden. Das Verhältnis eines großen Weltbürgers zur Welt kann nicht gleichgültig sein; das Verhältnis des Liebeslyrikers zur Liebe ist ein Teil davon, für wie klein oder groß man diesen Teil auch halten mag.

Heine selber war es, der auf die Nachtseiten seiner Hamburger Tage zwischen 1816 und 1831 höchst überflüssigerweise aufmerksam gemacht hat. Von diesen fünfzehn Jahren hat er ja immerhin mehr als ein Drittel in Hamburg gewohnt. Und es gibt durchaus ein paar Zeugnisse, die darauf hinweisen, daß er nicht fast sechs Jahre lang unzugänglichen und dabei nicht einmal besonders reizvollen Cousinen nachweinte.

Aber diese Zeugnisse wären kaum beachtet worden,

wenn Heine sich nicht in seinem von Karl Marx und mir besonders geschätzten Lang-Gedicht »Deutschland – ein Wintermärchen« von der Hamburger Schutzpatronin Hammonia, die er auf dem Strich trifft, erzählen ließe:

»Du suchst vergebens! Du findest nicht mehr
Die lange Mahle, die dicke
Posaunen-Engel Hannchen, du findest auch nicht
Die Braunschweiger Mummen-Friederike.

Du suchst vergebens! Du findest nicht mehr
Den Schimmel, die falsche Marianne,
Pique-As-Luise, die rote Sophie,
Auch nicht die keusche Susanne.

Du findest die Strohpuppen-Jette nicht mehr,
Nicht mehr die große Malwine,
Auch nicht die Kuddelmuddel-Marie,
Auch nicht die Dragoner-Kathrine.«

Im Wintermärchen steht viel Wahres. Es gehört, meiner Ansicht nach, zu den am wenigsten verstellten und umgestellten Heine-Werken. Das sind Reisebilder auf einer höheren Ebene: die poetische Phantasie rekapituliert, freilich geformt und pointiert, erlebte Wirklichkeit.

Eher für als gegen den Wahrheitsgehalt der drei Strophen spricht auch, daß Heine sie zunächst wieder gestrichen hat. Er war 1843 in Hamburg gewesen, und diese Reise beschreibt er in dem Wintermärchen-Gedicht. 1844 kam er wieder nach Hamburg und konnte dabei den

Druck seiner »Neuen Gedichte«, deren Abschluß das »Wintermärchen« macht, selber überwachen.

Warum er diese drei Strophen gestrichen hat, darüber kann man nur Vermutungen anstellen. Meine: Mit Onkel Salomon hatte sich just zu dieser Zeit alles so einigermaßen eingerenkt; der – auch und gerade durch das »Wintermärchen« dann wieder – von vielen Seiten Angefeindete wollte Frieden wenigstens mit der Familie haben. Und die mußte solche intimen Kietz-Bekanntschaften peinlich finden. Eine späte Äußerung von Bruder Max deutet darauf hin, daß Harry nicht der einzige Heine war, der diese Mädchen kannte. Es war damals wie heute üblich, daß auch hochangesehene Bürger auf der pseudo-erotischen Spielwiese die Miseren der Monogamie für ein paar Stunden zu vergessen suchten. Und es war damals noch ein bißchen unangenehmer als heute, wenn so etwas herauskam. Im übrigen gab es weniger Auswege: keine Kolleginnen, keine Sekretärinnen, keine Angestellten welcher Art auch immer, keine Hostessen, keine Masseusen, kurz: keine Möglichkeiten, persönlich genießbare Beziehungen als sachlich begründete zu tarnen.

Der Interessen-Consensus, der sich durch das Tabu »Rühret nicht daran!« schützt, führt zu Verdunklungsgefahr. Es gibt, seit Adam, keinen normal durchschnittlichen Mann, der, sofern er irgend Gelegenheit dazu hatte, nicht einmal in einem Bordell oder einem bordell-ähnlichen Etablissement war. Die einen haben mit zwei oder drei Besuchen genug, es langweilt sie oder ekelt sie an; die anderen gehen immer wieder. Da erst scheiden sich die Geister.

Ist das wichtig? Wo es um das Gemeinwohl geht: gewiß nicht. Kluge Gesetzgeber haben die Prostitution immer zugleich scheinbar ignoriert und streng kontrolliert. Die Lösung dieses Paradoxons entscheidet über das Ausmaß der Klugheit.

Für den einzelnen freilich ist diese Trieb-Schicht der Seele, unter- oder oberhalb des Alltags-Bewußtseins, gewiß nicht belanglos. Besondere Bedeutung gewinnt sie dadurch, daß in ihr – wie man bei Freud nachlesen oder auch durch *common sense* und Lebenserfahrung sich selber klarmachen kann – vieles von dem angesiedelt ist, was Kunst und Literatur produziert.

Sofern es Mädchen in Hamburg gab, die Heine über die abstandwahrende Nüchternheit seiner Cousine(n) hinweghelfen konnten, ist die Rolle dieser Mädchen wichtig für das, was Heine gewesen ist und geschrieben hat.

Sehen wir uns die drei Strophen an, die im »Wintermärchen« zunächst nicht erscheinen durften und die dann später mithalfen, Heine einen üblen Nachruhm zu sichern: Wer hurt, zündet auch Häuser an. Hat Heine »gehurt«, und was heißt »huren«?

Zu den Treffpunkten des geselligen und ein wenig anrüchigen Hamburger Lebens gehörte damals der Alsterpavillon, der auch Damenpavillon hieß und genau dort stand, wo noch heute, zum siebten Male wiederaufgebaut, der Alsterpavillon steht. Ein Chronist weist darauf hin, daß dieser Pavillon »auch von den anständigsten Damen besucht wird«, und daß es dort Sitte ist, »keinen Tabak zu rauchen«. Was Heine nicht schwerfiel. Denn er rauchte nie und trank nur wenig. Er tanzte übrigens auch nicht.

Anregende Konversation mit »den anständigsten Damen« mag ihm ausreichender Ersatz für Alkohol und Nikotin gewesen sein.

Weniger Anspruch auf eine so gut beleumundete Klientel konnten zwei andere beliebte Etablissements erheben, die auch mitten in der Stadt lagen: der damals weit über die Grenzen Hamburgs hinaus bekannte Tanzsalon von Peter Ahrens in der Neustädter Neustraße und der »Musensalon« an der Drehbahn, auf den Heines bekannte Hamburg-Kritik, »Huren genug, aber keine Musen«, direkt zielt.

Diese gewollte Unfreundlichkeit stammt aus dem Jahr 1816. Was deswegen nicht ganz unwichtig ist, weil es die Legende stört, die ja so geht: Harry liebte über alles seine Madonna, seine Marmorgöttin Amalie, trug die Liebe zu ihr mit sich herum von Universität zu Universität, von der ersten Tragödie bis zum großen Liederbuch; erst als er Amalie endgültig verlorengeben mußte, stürzte er sich in wilden Sinnenrausch.

Heine förderte auch diese Legende. Er liebte eben Legenden, und nicht am wenigsten die, in deren Mittelpunkt er selber stand.

Einem Mädchen, das er Jenny nennt, widmet der Siebenunddreißigjährige, der von sich sagt, er sei fünfunddreißig Jahre alt, die Verse:

»Im Jahre achtzehnhundertsiebzehn
Sah ich ein Mädchen wunderbar,
Dir ähnlich an Gestalt und Wesen,
Auch trug sie ganz wie Du das Haar.

›Ich geh' auf Universitäten‹,
Sprach ich zu ihr, ›ich komm zurück
In kurzer Zeit, erwarte meiner.‹
Sie sprach: ›Du bist mein einz'ges Glück.‹

Drei Jahre schon hatt' ich Pandekten
Studiert, als ich am ersten Mai
Zu Göttingen die Nachricht hörte,
Daß meine Braut vermählet sei.«

Läse man das nicht als Legende, sondern als Bruchstück einer kleinen Konfession, dann würde es nachprüfbar. Und von allem, was wir nachprüfen können, entspricht dem lyrischen Bekenntnis in der Wirklichkeit nichts genau.

Nicht »im Jahr achtzehnhundertsiebzehn« lernte er Amalie kennen, sondern 1815 oder spätestens 1816. Amalie war nie seine Braut. Und sie heiratete nicht im Mai und nicht im April, sondern am 15. August 1821. Als Heine das erfuhr, war er nicht in Göttingen, sondern in Berlin; und er hatte auch keineswegs drei Jahre studiert, sondern nur zwei, davon recht wenig »Pandekten« (mit diesem Namen einer Sammlung altrömischer Rechtssprüche bezeichneten Heine und seine Kommilitonen die Rechtswissenschaft).

Den »Musensalon« und manche seiner weiblichen Stammgäste kannte Heine sicher schon in seinen ersten Hamburger Jahren.

So konnte er auch dem Schauspieler und Schriftsteller August Lewald, dem wir einige Einsichten in Heines Leben verdanken, erzählen: »Man nennt mich in Berlin den Salondemagogen . . ., ohne jedoch zu wissen, wie richtig man mich damit bezeichnet. Ahrens' Salon vereinigt die anständigste Gesellschaft. Ich finde da stets den feinsten, ungeniertesten Ton in Hamburg und sehr gute Geschöpfe.«

Als erstes dieser sehr guten Geschöpfe nennt Heine in den gestrichenen Wintermärchen-Strophen »die lange Mahle«. Ihre wirkliche Existenz ist einigermaßen verbürgt. Jedenfalls taucht sie 1828 auch (oder schon, denn das »Wintermärchen« wurde ja erst 1843 geschrieben) in einem Brief auf. »Die dicke Posaunenengel-Hannchen« und »die Braunschweiger Mummen-Friederike« klingen bereits recht phantastisch. Da hat sich doch wohl so viel nicht geändert: So lange Namen wären in einer Welt des raschen Austauschs höchst unpraktisch und halten sich daher nicht. Der »Schimmel« und die »falsche Marianne« klingen glaubhaft, könnten freilich auch Erfindung sein, um so eher, als es ja eine »richtige« Marianne gab, eine Schankwirtin vor den Toren der Stadt, in Eimsbüttel, die Heine in seiner Hamburger Zeit gut gekannt hat. Auch die »rote Sophie« berührt uns vertraut – man meint das Band zu sehen, das die Henkerstochter mit der Musensalondame verbindet.

»Pique-As-Luise« wirkt wieder sehr authentisch. »Pique As« – so hieß noch bis vor kurzem das bekannteste Hamburger Obdachlosenasyl.

Wie sich Wirklichkeit und Erfindung bei den anderen Damen mischen, ist so wichtig nicht. Und wenn es wichtig wäre: wir werden es nie erfahren.

Was immer auch wirklich geschah: diese drei gestrichenen Strophen aus dem Wintermärchen, die der Legende von einem Hamburger Playboy Henry Heine viel Auftrieb gegeben haben, mögen an vielen Stellen gelebte Wirklichkeit anzapfen. Sie verdanken ihre Existenz jedoch gewiß auch der Lust des Wortkünstlers an farbenreichen, volltönenden, komisch wirkenden Namen.

Es ist wenig wahrscheinlich, daß Heine so viele Damen des Hamburger Nachtlebens mit Namen gekannt hat. Und ich halte es für unwahrscheinlich, daß er mehr als eine von ihnen in jener Weise »intim« gekannt hat, die von Luther in der Bibel mit »erkannt« übersetzt zu werden pflegte.

Auf eine so plumpe Weise eindeutig war der Besuch des Musensalons nun wieder auch nicht. Einem Zeitgenossen verdanken wir eine Beschreibung, die an die Welt der japanischen Geishas erinnert: »Die Mädchen weisen sich gar nicht so auffallend aus für das, was sie sind . . . An Ort und Stelle wird bloß gegessen, getrunken, getanzt bei schöner Musik, scherzend geplaudert, gehuldigt und geliebet, und wem es gefällt, begleitet dann als sogenannter Ehrenwächter . . . eine Cœur-Dame nach Hause.«

Manche Fragen liefen also darauf hinaus, ob und inwieweit Henry Heine sich als »sogenannter Ehrenwächter« eignete. Ich meine, er eignete sich nicht besonders gut.

Es gibt da eine sonderbare Briefstelle, die gern herangezogen wird als Beweis für Heines Hamburger Ausschweifungen. Moses Moser, ein Berliner Bankbeamter, der mit Heine befreundet war, schreibt im Mai 1824 an Immanuel Wohlwill, den Direktor der jüdischen Schule in Hamburg:

»Ich habe viel von den Hamburgischen Mädchen über ihn (Heine) gehört und war schwach genug, mich eines üblen Eindrucks nicht ganz zu erwehren.« Mehr verrät er leider nicht. So leicht kann dezente Ausdrucksweise zur Denunziation werden.

Niemand weiß, was die »Aphroditen vom Dreckwall« Moser erzählt haben könnten. Nur eins wissen wir: am wenigsten abfällig äußern sich die Dienerinnen der Venus doch über solche Freier, die alles, was ihnen angeboten wird, wahrnehmen und dafür pünktlich zahlen. Heine scheint die eine oder andere enttäuscht zu haben.

Und das fügt sich so gut in das Bild eines nervösen, immer wieder an Kopfschmerzen leidenden jungen Mannes, der nicht rauchte, nicht tanzte, wenig trank und dessen Geruchssinn wie sein Gehör übersensibel war. Starker Fischgeruch, schreibt Heine in dieser Zeit, schütze die Tugend der Mädchen von Norderney. Er schützte, denke ich, oft auch die Tugend Heinrich Heines. Es ist unvorstellbar, daß er sich wirklich wohl fühlte bei »Matrosenlärm, Punsch, Tabaksgeruch und schlechter Musik«.

Warum suchte Heine dann die, nach seinen eigenen Worten, »sogenannte schlechte Gesellschaft« der »schönen verlorenen Gestalten«? Daß er sie suchte, darf als erwiesen gelten.

Unter allen möglichen Antworten wollen mir zwei als zutreffend erscheinen.

Auf die eine weist Heine hin in den Versen, mit denen er seine zweite Tragödie dem Freund Friedrich Merckel widmete:

»Auch hab ich mich ehrlich Tag und Nacht
Mit Lumpengesindel herumgetrieben,
Und als ich all diese Studien gemacht,
Da hab ich ruhig den Ratcliff geschrieben.«

Nun sind Studien, Recherchen gewiß eine beliebte Ausrede des Schriftstellers. Das ändert nichts daran, daß sie nötig sind. Wer über das Leben schreiben will, muß viel Leben beobachten.

Ein wenig Belehrung über die Formen, die sexuelle Leidenschaft annehmen kann, hatte Heine durchaus nötig. Das freilich brauchte einige Zeit. Im »Almansor« erlaubt er sich noch Visionen wie diese:

»Ich aber eile jetzt, mich zu erquicken,
Nach der Kajüte, wo Zuleima wohnt,
Umfasse sie mit meinen blut'gen Armen,
Und küsse ab von ihrer weißen Brust
Die roten Flecken – Ha! sie sträubt sich noch?
Zu meinen Füßen, Sklavin, sollst du wimmern,
Ohnmächtig Ding, das meine Sinne kühlt
Nach wilder Kampfeshitze – Sklavin, Sklavin,
Gehorche mir, und fächle meine Glut!«

Solchen Gartenlauben-Sadismus finden wir später bei Heine nie wieder.

Dem Kern der Dinge noch näher kommen wir wohl durch eine Anekdote, die auch eine wahre Geschichte sein kann. Eine Prostituierte habe ihm einmal, erzählt Heine, ihre Hilfe angeboten oder ihn doch wenigstens ihrer Sympathie versichert. Und auf seine erstaunte Frage, was sie denn dazu veranlasse, habe sie gesagt: »Wenn heute die Juden beleidigt werden, so geht's bald los gegen den Senat und endlich gegen uns.«

Heine hat sich in seinen Hamburger Jahren niemals »in« fühlen dürfen. Die Cousinen mögen das Ihre dazu getan haben, ihn spüren zu lassen, daß er für den Anpassungsprozeß wohlhabender Juden an die hanseatische Gesellschaft ein Störenfried, daß er noch immer oder schon wieder ein Außenseiter war. Wo Stand und Religion nichts galten, dort fühlte er sich wohl; wenngleich er auch der Werteskala dieser Umgebung, wo Geld, Schneid und sexuelle Potenz zählen, nicht genügen mochte.

In eine ganz anders geordnete, aber ähnlich orientierte Welt geriet er bald darauf unter Studenten. Wer da nicht zahlen und sich duellieren und Mädchen verführen konnte, wurde nicht für voll genommen. Heinrich Heine aber wollte als junger Mann auch auf dieser Ebene, die im nachhinein oder von außen leicht als trivial bezeichnet werden kann, für voll genommen werden.

So, meine ich, kommt es noch Jahre danach, am 25. Februar 1824, zu jenem Husaren-Brief an den Freund Moser, der seitdem durch die Heine-Biographien spukt: »Ich liebe die Medizäische Venus, die hier auf der Bibliothek steht, und die schöne Köchinn des Hofrath Bauer. Ach! und bei beyden liebe ich unglücklich! Die eine ist von Gyps und die andre ist venerisch. Oder ist letzteres etwa Verläumdung? Je le trouverai: Ich habe mir gestern abend bey der neuen Putzhändlerinn 1/2 dutzend Gondons anmessen lassen, und zwar von veilchenblauer Seide . . .«

Wie jemand diesen Brief ernst nehmen kann, entgeht mir. Freilich: da ist das Stichwort »venerisch«, und da ist Heines Krankheit, die von einer Majorität der wenigen Ärzte, die sich damit beschäftigt haben, für venerischen Ursprungs, für die Rache der Venus venenata gehalten wird. Und da drängen sich offenbar Verbindungen auf. Aber wer diesen Brief überhaupt ernst – im Sinne von wirklichkeitsbezogen – nimmt, der sollte doch auch die schützenden veilchenblauen »Gondons« ernst nehmen, die Heine sich von der Putzhändlerin hat anmessen lassen, ehe er den Ritt in den Venusberg, nunmehr gegen das Gift gefeit, wagte.

»Gondon« steht in Heines Brief, ganz klar und deutlich. Der Gummi-Schutz war allen Kundigen als – bald von einem englischen Obersten, bald von einer französischen Stadt abgeleitet – »Kondom« bekannt. Sollte es anderen so wenig wie mir gelingen, die sogar phonetisch falsche Schreibung des Wortes auch anderswo wiederzufinden, dann wäre dies ein weiterer Beweis für Heines naive Aufschneiderei. Da hat jemand was läuten hören, aber nicht zusammenschlagen.

»Am meisten«, schrieb Ludolf Wienbarg ein Jahr nach Heines Tod, »liebte er es, mit seiner Frau Venus die Rolle des Tannhäuser zu spielen und sich darob verketzern zu lassen.«

Aber wenn es doch Syphilis war, woran Heine elendiglich zugrunde ging, dann hat er ja diese Tannhäuser-Rolle offenbar nicht nur gespielt.

Erinnert das nicht wieder an jenen »sterbenden Fechter« mit dem »Tod in der eigenen Brust«?

Es soll nicht behauptet werden, daß Heine nie intimen Kontakt mit Frauen gehabt hat. Und im intimen Kontakt lag, liegt noch heute, immer auch Ansteckungsgefahr. Sie trifft die Unschuldigen und Naiven leichter als die Raffinierten. Den Schuberts und Nietzsches wird sie zum Verhängnis, nicht den Don Juans und Casanovas.

Von den Matrosen des Kolumbus soll die Syphilis, diese vor allem, wenn auch nicht ausschließlich, durch Geschlechtsverkehr übertragene Infektionskrankheit aus Haiti nach Europa gebracht worden sein. Verbreitet wurde sie dort durch die Armee Karls VIII. von Frankreich – weswegen sie auch überall die »französische Krankheit« (in Deutschland schlicht »die Franzosen«) genannt wurde. Nur die Franzosen nannten sie nie so, sondern, zum Beispiel, *»mal de Naples«*.

Erwiesen scheint, daß sie am französischen Hof weitverbreitet war, und als die französischen Adligen zu Ende des 18. Jahrhunderts nach Osten flohen, sprach man im Rheinland von der »Emigrantenkrankheit«.

Wir haben uns vermutlich heute noch nicht ganz frei gemacht von der Haltung, die die Kirche bis weit ins 19. Jahrhundert hinein vertreten hat. Sie sah in der Syphilis weniger eine Krankheit als eine Strafe Gottes. »Lustseuche« nannte man sie.

In der Tat können ja sexuelle Verhaltensweisen in den europäischen Ländern vom 17. bis zum 19. Jahrhundert so erklärt werden: die Sexualmoral der Enthaltsamkeit wurde dadurch gefestigt, daß an die Stelle der allgemeinen Angst vor Höllenstrafen im Jenseits die Angst vor einer Hölle im Diesseits trat. Sie hieß Schwangerschaft für die Mädchen und Syphilis für die Männer. Wobei es als ausgleichende Gerechtigkeit empfunden werden mag, daß die Krankheit bei Frauen weit harmloser, oft ganz ohne Symptome verläuft. Gerade das freilich machte sie so heimtückisch: die Venus venenata, die giftige Venus, wußte oft gar nichts davon, daß ihre Umarmung für den Freier gefährlich war.

Irgendwo könnte Tannhäuser-Heine einer solchen Venus begegnet sein. Vielleicht in Göttingen, warum denn nicht. Aber dann wäre das ein weiterer Grund anzunehmen, daß seine vorangegangenen Erfahrungen mit Hamburger Huren nicht sehr weit gegangen waren. Syphilis holen sich nur Unschuldige, Dumme und Betrunkene. Heine trank nicht. Und Dummheit haben ihm auch seine ärgsten Feinde nicht vorgeworfen.

5 *Rahel Varnhagen von Ense*

5 Rahel Varnhagen, Friederike Robert

Die große Berliner Emanzipation

Den Begriff »Studentenliebchen« gab es 1820, wie es ihn 1920 gab. Er bezeichnete ein Mädchen, meistens in dienender Stellung, das – wie auch immer motiviert – noch das flüchtigste Abenteuer mit einem sozial privilegierten jungen Herrn der totalen Ereignislosigkeit ihres Daseins vorzog; ein Mädchen also vom Typ der Köchin des Hofrats Bauer.

Die Welt der Universitäten war eine männliche Welt, eine beinahe klösterliche Welt. Aber Professoren und Studenten waren keine Mönche. Sie brachen aus aus dem Kloster, und niemand nahm ihnen das übel, solange die Formen einigermaßen gewahrt blieben.

Wie der Student Heine sich verhalten hat, darüber wissen wir wenig. Aus Bonn, wo er zunächst studierte, sind keine Klagen überliefert. Aber in Göttingen, seiner zweiten Universität, wurde er nicht nur relegiert, für mindestens sechs Monate der Universität verwiesen, sondern auch – und das wird gern in einen Zusammenhang gebracht, der nicht nachweisbar ist – angeblich wegen »Unkeuschheit« aus der Burschenschaft ausgeschlossen.

»Unkeuschheit« scheint ein großes Wort an einer Universität, wo ein Professor Johann Christoph Lichtenberg ungestraft mit einem minderjährigen Blumenmädchen zusammenleben konnte. Sollte da, zwischen 1780 und 1820, eine Reaktion Platz gegriffen haben?

Nichts spricht dafür. Die Göttinger Studenten, auch die in der Burschenschaft organisierten, lebten so lustig, wie sie nur eben konnten. Und wenn sie mal ein Faß aufmachen wollten, dann wanderten sie in die Lokale der näheren und ferneren Umgebung Göttingens oder in den Harz. Heine tat das auch.

Das wäre gewiß kein Grund zum Ausschluß aus der Burschenschaft gewesen. Die Dokumente geben auch in diesem Falle nicht genug her. Zweierlei stelle ich mir vor.

Zum einen: Der Antisemitismus, der später in den Burschenschaften gewaltsam ausbricht, wirft seine Schatten voraus. Er war wohl nie ganz aus der Mode gekommen. Auf dem geheimen Burschentag in Dresden wurde am 28. September 1820 beschlossen, Juden nicht mehr aufzunehmen, da sie »kein Vaterland haben und für unseres kein Interesse haben können«. Noch scheute man sich in Göttingen offenbar, die Zugehörigkeit zum Judentum als Grund für einen Ausschluß aus der Burschenschaft zu nennen. Also suchte man einen Vorwand. Daß Heine »unkeusch« war, ist immerhin denkbar. Undenkbar ist, daß alle übrigen Studenten keusch waren.

Zum anderen: Nicht einmal in Göttingen gehörte es zum guten Ton, Schlafzimmergardinen beiseitezuschieben. Sollte in der Tat Heine eine »Unkeuschheit« nachgewiesen worden sein, so war sie sicher von jener verbalen Art, der er so schwer widerstehen konnte. Er erzählte immer wieder eine jener Geschichten, von denen der Herr von Schnabelewopski in seinen Memoiren sagt, daß die Prüden sie »mit Wonne einschlürfen und bis an den Nabel, ja noch tiefer davon entzückt sind und nachher den Erzähler schelten und in Gesellschaft über ihn die Nase rümpfen und ihn als unmoralisch verschreien«. Solche Geschichten mögen in Heines Phantasie wirklich genug gewesen sein, in der Wirklichkeit des Alltags hatten sie kaum eine Entsprechung.

Seinem Freund August Lewald zum Beispiel erzählte er von wilden Abenteuern mit Hamburger Schauspielerinnen, und daß er dabei sogar einmal auf der Elbe Schiffbruch erlitten habe.

So wie Lewald sie in seinen Erinnerungen berichtet, kann die Geschichte nicht stimmen. Aber schon und gerade die Zeitgenossen trauten Heine alles zu, wo es um Frauen ging. Sie hatten noch weniger Gelegenheit zum Überprüfen, als wir sie heute haben, da wir das Ganze dieses Lebens überschauen können. Wobei ich von der Erfahrung ausgehen möchte, daß in diesen rein emotionalen Äußerungen, diesen direktesten Spiegelungen der Libido, kein normaler Charakter sich im Laufe seines Lebens grundsätzlich ändert. Der große Umschlag von Sinnenlust in Askese ist den Heiligen vorbehalten.

Das wäre ein Fixpunkt, von dem aus scheinbar verwirrende Perspektiven überschaubar würden. Wenn wir davon ausgehen könnten, daß Heine nicht emotional schizoid war, nicht in einem Jahr ein Wüstling, im nächsten ein Mönch, sondern daß er immer eine Marmorgöttin brauchte, für die er den auch nicht allzu bluterfüllten Tannhäuser spielen konnte: einen blassen, kleinen, äußerlich nicht besonders attraktiven Tannhäuser mit dauernden Kopfschmerzen, der jedes Wirklichkeitserlebnis auf seine Verwendbarkeit als literarisches Material hin prüft.

Einer der Heine-Sätze, die ich für buchstäblich wahr und wahrhaft enthüllend halte bei diesem hypersensiblen Augen- und Ohrenmenschen, lautet: »Mit einem einzigen Blick meines Auges kann ich mehr genießen als andere mit ihren sämtlichen Gliedmaßen.«

Wenn Börne meinte, Heine könne »von seinen gemeinen Ausschweifungen, als von etwas Schönem, öffentlich sprechen«, so war er der prominenteste von all den Autoren, die über Heine geschrieben, die dadurch sein Bild für uns geformt haben – und einem Trugschluß erlagen. Sie schließen aus Heines ästhetischem Vergnügen an den Freuden und Schmerzen der Liebe auf wirkliche Vorfälle, über die sie sich empören, ohne von ihnen etwas zu wissen.

Es gibt keinen einzigen Fall, wo nachgewiesen werden könnte, daß Heine aus einem gemeinen Erlebnis ein schönes Gedicht gemacht hätte. Und je greifbarer die Mädchen und Frauen werden, die in seine Welt gehören, je deutlicher ihre eigene Persönlichkeit historisch bezeugt ist, desto seltener begegnen wir ihnen in Heines Werken. Das gilt für alle außer der Mutter und der Ehefrau, denen man eine Ausnahmestellung wohl einräumen darf.

Es wäre tollkühn zu behaupten, Heine habe keine amourösen Abenteuer mit Hamburger Schauspielerinnen gehabt. Aber es steht ziemlich fest, daß Heine nie auf der Elbe Schiffbruch erlitten hat. Wäre das eine kleinere, private Angelegenheit gewesen, dann hätte Heine fähig sein müssen, auf der immerhin nicht ganz ungefährlichen Elbe ein Boot zu manövrieren. Das war er nicht. Wäre es eine große Sache gewesen in einem gecharterten Schiff, dann hätte einer der Chronisten bestimmt darüber berichtet.

Heine als Student hatte mit Mädchen nicht mehr im Sinn als seine Kommilitonen; eher weniger. In Bonn hatte er genug zu tun mit Professor Schlegel. In Göttingen machte er sich schnell unbeliebt. Und in Berlin kam er in ganz andere Kreise.

Als der nicht mehr ganz junge, inzwischen immerhin 23jährige Student dort hinkam, war Rahel Varnhagen von Ense seit langem schon Mittelpunkt der literarischen Gesellschaft.

Die Anziehungskraft, die diese Frau ausübte, ist nicht leicht zu erklären. Wir mögen es für die Begeisterung einer Biographin halten, die den Gegenstand ihrer schreibenden Fürsorge nicht geringgeschätzt sehen will, wenn die Schwedin Ellen Kay, zu Anfang unseres Jahrhunderts, Rahel die größte Frau nennt, die das Judentum hervorgebracht hat, und »zugleich die größte Frau, die Deutschland seine Tochter nennen kann«.

Aber auch Heine, der zu Schwärmereien über die intellektuellen Seiten einer Frau nicht neigte, nannte sie »die geistreichste Frau des Universums«.

Eine sehr lebendige Schilderung durch einen Zeitgenossen verdanken wir Franz Grillparzer. Fünfunddreißig Jahre alt, kam er im September 1826 nach Berlin. Und obwohl er von der Reise »müde bis zum Sterben« war, wollte er nicht so unhöflich sein, seinem Reisebegleiter Varnhagen von Ense nein zu sagen, als der vorschlug, Frau Rahel noch einen Besuch abzustatten.

Darüber berichtete Grillparzer später: »Nun fing aber die alternde, vielleicht nie hübsche, von Krankheit zusammengekrümmte, etwas einer Fee, um nicht zu sagen Hexe, ähnliche Frau zu sprechen an, und ich war bezaubert. Meine Müdigkeit verflog oder machte vielmehr einer Art Trunkenheit Platz. Sie sprach und sprach bis gegen Mitternacht, und ich weiß nicht mehr, haben sie mich fortgetrieben, oder ging ich von selbst fort. Ich habe nie in meinem Leben interessanter und besser reden gehört ... In der ganzen Welt hätte mich nur eine Frau glücklich machen können, und das ist Rahel.«

Die »alternde« Frau war damals immerhin fünfundfünfzig Jahre alt; und das war sehr alt in einer Zeit, als die Pharmazie der Schönheitsmittel – *»pour réparer des ans l'irréparable outrage«* – noch wenig entwickelt war; als Krankheiten schwer zu verwischende Spuren hinterließen; als das Durchschnittsalter der Frauen unter vierzig lag.

Die Feststellung, Rahel sei nicht hübsch gewesen, finden wir häufig in zeitgenössischen Dokumenten. Auch Rahel selber schrieb: »Ich habe keine Grazie, nicht einmal die, einzusehen, woran das liegt; außer dem, daß ich nicht hübsch bin, habe ich keine innere Grazie. Ich bin unansehnlicher als häßlich.«

Darin steckt eine Lehre für alle, die sich um historische Wahrheit mühen. Wir kennen sieben Bilder von Rahel. Keins könnte man häßlich nennen. Ich selber finde die

Frau auf der Bleistiftzeichnung von Wilhelm Hensel, und das soll Rahel im Alter von immerhin einundfünfzig Jahren sein, hinreißend schön.

Für den Widerspruch gibt es eine allgemeine Erklärung und eine technische.

Was als »hinreißend schön« empfunden wird, hängt stark von persönlichen Vorlieben, dazu jedoch auch noch derart von einem Zeit-Geschmack ab, daß ein solcher Begriff mit wachsender historischer Distanz immer mehr von seinem Sinn verliert.

Noch mehr als der Geschmack täuschen jedoch die Bilder. Es handelt sich dabei in neun von zehn Fällen um Ideal-Porträts, die oft nicht nach der Natur, sondern nach einer Vorlage gefertigt wurden, und die zwar auch ähnlich sein, vor allem jedoch gefallen wollten.

Wir müssen davon ausgehen, daß unsere Vorfahren beiderlei Geschlechts in Wirklichkeit nicht halb so schön waren, wie sie auf den Bildern aussehen.

Für Heine selber gilt das übrigens auch. Auf der Lithographie von Samuel Diez zum Beispiel erscheint der Fünfundvierzigjährige als ein ungewöhnlich schöner, stattlicher Mann. Alle Schilderungen, die nicht von Enthusiasten stammen, widersprechen dem.

»Schön« oder nicht, übte Rahel auf Männer offenbar jene Art von Anziehungskraft aus, die nicht im Sexuellen gründet, wenn sie dieses auch niemals ganz ausschließt.

Ihren Vater Markus Levin verachtete sie, müssen wir leider annehmen. Er hatte als Juwelenhändler in Berlin genug Geld gemacht, um seiner Tochter – sie war neunzehn, als er starb – so viel zu hinterlassen, daß sie davon bescheiden, aber ohne Sorgen leben konnte.

Bescheiden zu leben, war Rahels Sache nicht – nicht im Geistigen, das ihr Leben war. Im rein Physischen ging es anspruchslos zu. An materiellen Genüssen konnte sie ihren Gästen so gut wie nichts bieten, was über einen Kaffee, einen Tee, ein bißchen Gebäck hinausgegangen wäre. Und dennoch versammelte sie in ihrer Dachkammer in der elterlichen Wohnung – Berlin, Jägerstraße – bald »ganz Berlin«, will sagen: alle, die damals Wortführer des romantischen Zeitgeistes waren und, sei es dauernd, sei es vorübergehend, in Berlin lebten: die Brüder Humboldt, die Brüder Tieck, Jean Paul, Adam Müller, Gentz, Schleiermacher.

Auch Preußens Prinz Louis Ferdinand verkehrte bei ihr und traf dort seine Geliebte, Pauline Wiesel.

Es ist so schwer, das abzuwägen: Um wieviel Geist ging es da und um wieviel Körper? Das ist eine Frage, die Rahels Gäste als kein bißchen indiskret – aber vielleicht als irrelevant empfunden hätten. »Schöne Seelen« hätte Goethe im Kreise dieser Berliner Romantiker um Rahel Levin überall finden können; Goethes »Bekenntnisse einer schönen Seele« wirkten mächtig in diesen Kreis zurück.

Man kann nicht eigentlich sagen, daß die Grundeinstellung der Berliner Romantiker platonisch gewesen wäre. Dafür war sie zu sehr erfüllt auch mit Freude am Sinnlichen. Wie sonst hätte Goethe der verehrte Meister sein können, dem zu huldigen für die Freunde Rahel Varnhagens ein Gebot war, das nicht einmal Heine zu übertreten wagte?

Körperliches, Physisches wurde nicht geleugnet; aber es

hatte einen anderen Stellenwert, wie man heute wohl sagen würde. Es war dem Seelischen und dem Geistigen untergeordnet.

Sehr deutlich werden die Unterschiede, wenn man mit der Welt der Hamburger Cousinen vergleicht, die so lange Heines Welt gewesen war. Dort waren die Mädchen beschützte Zierden des Haushalts, von denen erwartet wurde, daß sie nett aussahen, reinlich gekleidet waren, keusch lebten, einen Mann kriegten und dann auch Kinder. Der Mann muß hinaus ins feindliche Leben, und drinnen waltet die züchtige Hausfrau.

Ganz anders in Berlin, im Berlin der Rahel Levin-Varnhagen, meine ich, der Dorothea Veit-Schlegel, der Karoline Schlegel-Schelling, der Friederike Braun-Robert, der Henriette Herz, Elise Hohenhausen, Bettina Brentano-Arnim.

Dort wurde viel geliebt, überhaupt nicht oder mehrfach geheiratet, alles unter Menschen, die gebrochen hatten mit der Verpflichtung, eine Geschlechts-Rolle zu übernehmen, zu herrschen oder beherrscht zu werden und bis zum Ende Erwartungs-Klischees zu erfüllen.

Heine lernte in Berlin zum erstenmal Frauen kennen, die wahrhaft emanzipiert waren, und das ohne Reue, ohne Ressentiments, ohne Verleugnung ihres Geschlechts. *»Women's Lib«* wäre ihnen ein Greuel gewesen.

Herrschaftsfreier Umgang zwischen Frauen und Männern wurde nie überzeugender demonstriert als in diesen Berliner »Salons« zwischen 1800 und 1830.

Gewiß, es handelte sich um eine kleine Gruppe, aber wenn man sie »privilegiert« nennen will, dann muß man die Vorstellung von »Klassen« aufgeben, die sich mit dem Begriff des Privilegiertseins verbunden hat. In der Berliner Emanzipation gesellte sich die höchste zur niedersten Schicht; es gab Gleichberechtigung nicht nur zwischen Männern und Frauen, sondern auch zwischen Adligen und Juden.

Als Rahel Levin sich zum erstenmal verlobte, war sie fünfundzwanzig Jahre alt – reichlich alt schon, hätte man bei den Heines in Hamburg gesagt. Der Erwählte war ein Graf Karl von Finckenstein. Rahels Ziel war es, ihren jüdischen Namen loszuwerden. Und an ihrem Judentum scheiterte die Verbindung schließlich auch – Graf Karl war kein Romantiker.

Sechs Jahre später verlobte sich Rahel zum zweiten Male, mit einem Spanier, der in Berlin an der spanischen Botschaft angestellt war, Don Raphael d'Urquijo. Auch das ging bald wieder auseinander.

Mit Karl August Varnhagen lebte sie acht Jahre lang zusammen, ehe sie ihn 1814 heiratete. Vorher ließ sie sich auf den Namen Antonie Friederike Robert taufen. Und sie nannte sich auch wirklich so lange »Friederike«, bis sich herausstellte, daß ihre Freunde es vorzogen, beim vertrauten Rahel zu bleiben.

Sie war dreizehn Jahre älter als ihr Mann. Auch das kennzeichnet diese freien Begegnungen schöner Seelen: daß das Lebensalter ziemlich unwichtig war, daß vor allem die bürgerliche Regel nicht galt, wonach der Mann der Frau auch an Jahren überlegen zu sein hatte.

Karoline war elf Jahre älter als Schelling und Dorothea neun Jahre älter als Friedrich Schlegel.

Aus der Ferne betrachtet, könnte die Welt der Romantik als Idylle erscheinen. Das war sie nun keineswegs. Es war schließlich und unter anderem die Welt der napoleonischen Kriege. Durch diese Kriege wird auch das voreheliche Zusammenleben Rahels mit Varnhagen mehrfach unterbrochen.

Karl August Varnhagen wurde, zwölf Jahre vor Heine, in Düsseldorf geboren. Er studierte Medizin in Halle, mußte jedoch sein Studium abbrechen, weil die Universität geschlossen wurde. Als mittelloser Student lernte er in Berlin Rahel kennen, die inzwischen durch den Krieg auch ihr bißchen Geld verloren hatte und ihren Salon hatte schließen müssen. Varnhagen verdingte sich als Soldat erst bei den Österreichern, dann bei den Russen. Nach Napoleons Sturz trat er in preußischen Dienst. Weil zu den Berliner Jüdinnen nur Adlige paßten, wie böse Zungen zischelten, eher jedoch, weil es der diplomatischen Karriere nützte, grub er einen westfälischen Adelstitel seiner Vorfahren aus und nannte sich dann »Varnhagen von Ense«. Er begleitete den preußischen Minister Hardenberg zum Kongreß nach Wien und wurde preußischer Geschäftsträger in Karlsruhe. Drei Jahre später wurde er wegen seiner liberalen Gesinnung und seiner jüdischen Frau – was im Grunde auf das gleiche hinauslief, denn Varnhagens geistiger Habitus war von Rahel geformt worden – aus dem preußischen Staatsdienst entlassen.

All das war vorangegangen, ehe wir, auf den Spuren Heinrich Heines, im Mai 1821 in Berlin einem abgeklärten, ergrauten, literarisch eher beflissenen als besonders begabten Karl August Varnhagen von Ense begegnen, der es sich angelegen sein läßt, seine noch aus der Diplomatenzeit stammenden ausgezeichneten internationalen Beziehungen in den Dienst seiner Frau und ihrer Freunde zu stellen. Auch Heine durfte wiederholt davon profitieren.

Rahels zweiter Salon, in der Französischen Straße, und von 1827 an in der Maurerstraße, war nicht mehr vom gleichen Elan getragen wie der erste. Die Zeit der romantischen Emanzipation ging zu Ende. Während die literarischen Salons zu Anfang des Jahrhunderts das geistige Klima der preußischen Hauptstadt bestimmt hatten, waren sie jetzt eher ein Refugium für Intellektuelle, die sich verzweifelt und vergebens gegen die Restauration der Ära Metternich stemmten.

Die Tiecks und Schlegels hatten ihren Frieden mit Gott und der Welt gemacht, wie es gut abzulesen ist am Schicksal der Dorothea Mendelssohn, die einst ihrem Ehemann, dem Bankier Simon Veit, davongelaufen war, um mit Friedrich Schlegel zusammenzuleben (den sie dann sechs Jahre später noch heiratete); die als »Lucinde« das Modell gewesen war für Schlegels Darstellung der freien, der romantischen Liebe; die wie Rahel Varnhagen sich vor ihrer Ehe hatte taufen lassen: 1808 trat sie zum Katholizismus über. Und da ihr Mann ebenfalls katholisch geworden und in den österreichischen Staatsdienst eingetreten war, bedeutete das im persönlichen Bereich die Wiederherstellung eben jener Weltordnung, der Friedrich und Lucinde ebenso wie die anderen Freundinnen und Freunde in Rahels erstem Salon abgeschworen hatten.

Aber vom Geist der Romantik und ihrer Emanzipation lebte in Rahels Salon noch immer genug, um Heine zu faszinieren. Vor allem lebte da die faszinierende Frau Rahel selber.

Über sein Verhältnis zu ihr erfahren wir von ihm wenig. Er konnte, wo ihn Persönliches wirklich berührte, sehr diskret sein.

Wir wissen, daß es Auseinandersetzungen gab, bei denen Eifersucht durchaus eine Rolle spielte. Und wir wissen, daß Heine Rahels Briefe nicht an Varnhagen herausrücken wollte.

Jedenfalls verleugnete er diese Briefe. Zunächst antwortete er auf Varnhagens Anfrage gar nicht. Dann behauptete er, er habe keine Briefe von Rahel. Dann »findet« er einen. Und erst nach jahrelangem Drängen Varnhagens hören wir die Version, die von vielen Literaturhistorikern für wahr gehalten wird: beim Brand von Hamburg, 1842, seien diese Briefe alle mitverbrannt.

Vor seine seelischen Intimitäten mit Rahel Varnhagen baut Heine als eine Art Schutzschild seine »Liebe« zu Friederike Robert, die nun wieder ganz so aussieht, wie man sich eine Heine-Liebe vorstellen möchte. Sie war die Frau von Rahels jüngerem Bruder Ludwig Levin, der sich bei der Taufe den Familiennamen Robert zugelegt hatte, den auch Rahel, vierzehn Jahre später, annahm; auch Rahel hieß ja bis zu ihrer Eheschließung Friederike Robert.

Friederike die andere nun war alles, was Rahel offensichtlich nicht war: schön, jung und poetisch verwendbar. So entstanden jene Sonette an Friederike, deren Wirklichkeitsbezug wieder das eigentümlich Heinesche Minimum erreichen darf:

»Verlaß Berlin mit seinem dicken Sande
Und dünnem Thee und überwitz'gen Leuten,
Die Gott und Welt, und was sie sonst bedeuten,
Begriffen längst mit Hegelschem Verstande.

Komm mit nach Indien, nach dem Sonnenlande,
Wo Ambradüfte ihren Duft verbreiten,
Die Pilgerscharen nach dem Ganges schreiten . . .«

und so weiter.

War das etwa eine Aufforderung an die schöne Friederike, ihrem Ehemann (den Heine kannte und schätzte und immer wieder grüßen ließ) davonzulaufen? Das ist eine abenteuerliche Vorstellung. Und was hätte Heine wohl in Indien mit ihr und vor allem mit sich selber anfangen sollen?

»Indien« war damals in Berlin die große Mode. Die Wissenschaft vom »Indogermanischen« wurde geboren. »Indien« war auch eine im Freundeskreis übliche Metapher für ein schönes Niemandsland romantischer Freiheit. Aber nach einem solchen Lande sehnte sich Heine nie wirklich. Er hätte seine Heimat am liebsten in einem liberal-demokratischen Deutschland gefunden. Wo das nicht möglich war, lockte ihn das revolutionäre Frankreich.

6 *Pariser Straßendirne*

6 Verschiedene in Paris und unterwegs

Venus rediviva

Heine in Paris. Was seine Bewunderer als revolutionäre Geste und Aktion deuteten, verstanden seine puritanischen oder »nazarenischen« Gegner als Erfüllung ihrer moralischen Befürchtungen: »Nebukadnezar II.« im Sündenbabel. In der deutschen Provinz genoß Paris als von vielen Provinzonkeln heimlich ersehnte Metropole des raffiniertesten Lasters legendären Ruhm.

Und Heine wußte, was er der deutschen Provinz schuldig war. »Ich schreibe diese Zeilen im Bett meiner schönhüftigen Freundin«, behauptet er in einem Brief an Laube vom 10. Juli 1833, »die mich diese Nacht nicht fortließ, aus Furcht, daß ich zu Hause arretiert würde.« Soweit die Heine-Forscher das ermitteln konnten, steht fest, daß Heine im Juli 1833 keine Gefahr drohte. Soweit die Kenntnis von Heines Pariser Bekanntschaften reicht, ist es auch sehr unwahrscheinlich, daß – wenn Heine tatsächlich Gefahr gedroht hätte – es da eine Schönhüftige gab, die die politischen Risiken des deutschen Emigranten gefürchtet oder auch nur verstanden hätte. Der Rest der Geschichte gewinnt damit nicht an Wahrscheinlichkeit.

Heine schrieb zwar über Pariser Prostituierte; aber in ihrem Bett schreibend, kann man ihn sich beim besten Willen nicht vorstellen. Auch die Pariserinnen, die sich das hätten gefallen lassen, sind schwer vorstellbar.

Das kümmerte die deutsche Provinz wenig. Zu denjenigen, die alle Nachrichten aus Paris begierig einschlürften, gehörten Heines Schwester Charlotte und ihre älteste Tochter Maria, die sich zwar in zweiter Ehe den klangvollen Namen Principessa della Rocca erheiratete und nach Süditalien übersiedelte, jedoch immer eine typische deutsche Kleinbürgerin blieb. Was ihr selber im Leben an Liebeserfüllung versagt wurde, das träumte sie in den berühmten Onkel hinein. Und sie träumte leider nicht nur, sie schrieb auch: »Erinnerungen an Heinrich Heine von seiner Nichte« (Hamburg 1881). Diese Erinnerungen dürfen als Musterbeispiel für eine schlechte historische Quelle gelten.

Maria erinnert sich eigentlich an gar nichts. Was sie weiß, hat sie vor allem in Aufzeichnungen ihrer Mutter gelesen. Sie war sieben Jahre alt, als Heine nach Paris ging; sie hat den berühmten Onkel wohl nie bewußt gesehen. Um so eifriger sammelte sie Geschwätz aus zweiter und dritter Hand. Mit der nötigen Vorsicht genossen, ist das sogar ganz lustig. Aber immer will sie dem Onkel wohl, indem sie ihm das gönnt oder andichtet, was ihr selber so schmerzlich versagt blieb: ungeheures Glück in der Liebe. Sie kann natürlich recht haben damit; fest steht nur, daß sie außer einem bißchen Familienklatsch nichts zu bieten hat; auch: daß sie sich und andere täuscht, indem sie sich

»Embden-Heine« nennt, also den Namen des Großvaters mitführt, während sie doch nach deutschem Namensgebrauch eine Rocca, geschiedene de Vos, geborene Embden war.

Über Heines Berliner Jahre schreibt sie: »Das brillante Leben in der Hauptstadt, die fortwährenden Vergnügungen und Festlichkeiten, selbst die Ausschweifungen, boten dem Dichter hinlängliche Abwechslung dar, die, obgleich sie die Leere seines Herzens nicht auszufüllen vermochten, ihn doch hinlänglich zerstreuten . . .«

Diese »Leere seines Herzens« soll übrigens hervorgerufen worden sein durch Mirjam, ein Mädchen aus Polen, von dem Max Kaufmann, der sowohl über Heines Liebesleben wie über Heines Liebestragödien ergötzlich Ergreifendes geschrieben hat, folgendes zu berichten weiß:

In Berlin sah Heine »eines Abends ein armes Mädchen mit Namen ›Mirjam‹ schluchzend und in Verzweiflung die Hände ringend, vor der Kranzler'schen Konditorei auf einem Steine sitzen. Sie war die Tochter eines Rabbiners aus Gnesen und mit ihrem Vater nach Berlin gereist, doch hatte derselbe hier einen plötzlichen Tod gefunden. Ohne Lebensunterhalt, allein und verlassen, befand sich die schöne Mirjam in der fremden, großen Stadt. Heine nahm sich ihrer sofort aufs Liebreichste an, und stellte sie unter den Schutz seiner schöngeistigen berühmten Freundin, Rahel Levin . . .« und so weiter.

Die nüchterne Tatsachen-Chronik weiß von dieser rührenden Begebenheit nichts. Rahel Levin-Varnhagen, die so viele Briefe geschrieben hat, schreibt nichts, was auf eine solche Begebenheit oder einen polnischen Schützling hindeuten könnte. Aus welchen Quellen schöpft dann der Biograph Max Kaufmann? Bei Maria Embden hat er die Sache abgeschrieben, und das beinahe wörtlich. Manche der pseudo-poetischen Ausschmückungen einer Dichter-Nichte, die zu wissen glaubte, was sie dem Lebe- und Liebe-Onkel schuldete, waren allerdings sogar ihm zuviel.

Bei Maria fängt die ganze Geschichte zum Beispiel so an: »Eines Tages ging (Heine) abends unter den Linden spazieren, träumend und dichtend, als er durch heftiges Schluchzen und Weinen aus seiner Ruhe aufgeschreckt wurde. Er eilte dem Orte zu, woher das Weinen kam, und fand ein armes polnisches Judenmädchen, welches auf einem Steine vor Kranzler's Conditorei saß«, und so weiter.

So unnütz wie diese Art von Biographie ist ihre »literaturwissenschaftliche« Nutzanwendung. Nach dem Hamburger Max Kaufmann (nicht zu verwechseln mit dem verdienstvollen Heine-Forscher Hans Kaufmann in der DDR) wäre sie so zu ziehen: »Dieser Liebe zur armen ›Mirjam‹ verdanken wir eine der herrlichsten Perlen unserer Poesie, nämlich die unvergleichlichen Verse

›Du bist wie eine Blume
So hold und schön und rein,
Ich schau Dich an und Wehmuth
Schleicht mir ins Herz hinein.‹«

Und so weiter.

Wenn man erst einmal anfängt, phantastische Polenmädchen zu registrieren, dann wird die Zahl der »Heine-Freundinnen« in der Tat dreistellig, und die Versuchung wird dann wohl übermächtig, jedem seiner Liebesgedichte auch eine Liebesgeschichte zuzuordnen.

Besonders ergiebig für Aufspürer verborgener Mädchen und Frauen sind Heines Reisen, von denen die nach Polen, also angeblich zu »Mirjam«, die erste war (August/September 1822). Da gibt es wahrhaftig Stoff genug; denn Heine machte, ehe er 1848 bettlägerig wurde, jedes Jahr eine große Reise.

Freilich handelte es sich dabei kaum je um Bildungsreisen, wie wir sie erwarten könnten von einem Mann, der seinen ersten Ruhm als Reiseschriftsteller gewann. Dem dienten nur die Englandreise (April–September 1827) und die Italienreise (August–Dezember 1828). Natürlich wurden die Reiseberichte dann emsig auf ihre Frauengestalten hin abgeklopft, und vor allem in den »Bädern von Lucca« und den »Memoiren des Herrn von Schnabelewopski« wurde man fündig. Von Bedeutung war das alles kaum. Der klatschhaften Nichte blieb die Entdeckung vorbehalten, Heine habe sich seine Krankheit in Italien geholt. Woher sie das hat, weiß niemand. Mag sein, sie hatte einmal davon gehört, daß man diese Krankheit in Frankreich – als Retourkutsche zum Italienischen *»mal francese«* – auch *»mal de Naples«* nennt. Und da es sie nun selber nach Neapel verschlagen hatte, hatte sie sich vielleicht auch davon überzeugen können, daß die Stadt keineswegs frei war von Prostitution und der dazugehörenden Syphilis.

Aber Heine war nur bis Florenz gekommen. Für Italien als Ursprung der Infektion, wenn schon davon zu reden ist, spricht so viel wie für Göttingen oder für Hamburg oder für Paris; in jedem Falle muß die Krankheit einen sehr sonderbaren und ungewöhnlichen Verlauf genommen haben, da sie es ihm erlaubte, so viele Jahre später mit Mathilde ein völlig normales Eheleben zu führen.

»Heines Krankheit« – und das ist der zweite Anlaß, der einen an der heute akzeptierten medizinischen Diagnose doch wieder zweifeln läßt: es gab sie eigentlich von Anfang an. Wenn man all die Briefe gelesen hat, die sich oft und eingehend mit der Schilderung der Symptome beschäftigen, dann hat man doch eher den Eindruck, daß das gleiche Leiden immer schlimmer geworden ist, als den, daß es durch ein völlig anderes abgelöst oder überlagert worden wäre.

Die immer wiederkehrende Beschwerde: starke Kopfschmerzen. Und als wohltätigstes Mittel dagegen erwies sich immer: Wasser, die See. Siebzehn von Heines dreiundzwanzig großen Reisen waren Bade-Reisen zur Kur.

Noch weit ins 19. Jahrhundert hinein war die Medizin in Diagnose und Therapie so »unwissenschaftlich«, wie wir uns das heute nur schwer noch vorstellen können. Der Arzt des frühen 19. Jahrhunderts war vom heutigen Naturheilkundigen weiter entfernt als dieser vom Facharzt. Für Leute, die es sich leisten konnten, waren Badekuren das am meisten verschriebene Rezept.

Auch Heine ließ sie sich immer wieder verschreiben oder verschrieb sie sich selber.

Entsprechend war das Publikum in den Heilkurorten, zu denen damals vor allem die Seebäder zählten: kränklich, wohlhabend und nicht ganz jung. Erste Versuche liefen gerade an, auch Gesunde an die See zu locken. Schwimmlehrer wurden angestellt, um einen ganz neuen

Freizeitsport zu kultivieren (vorher dachten auch die, die an die See fuhren, gar nicht daran, im Meer zu schwimmen). Und für die langen Abende an Land wurden, in Cuxhaven zum Beispiel und in Norderney, Spielcasinos eingerichtet. Dem Laster des Glücksspiels wäre Heine beinahe verfallen.

Schließlich waren Seebäder wohl auch der Ort, wo man nette Bekanntschaften machte. Jedenfalls von einem Heine wurde das erwartet.

Recht gut dokumentiert ist die zweite der Norderney-Reisen, die die rhythmischen Möglichkeiten des Lyrikers Heine so entscheidend erweitert, die ihn poetisches Pathos gelehrt haben. Sie stehe daher für viele, bei denen nach den Mädchen- und Frauen-Bekanntschaften Heinrich Heines auf Reisen gefragt worden ist.

Und um in einem überschaubaren Rahmen zu bleiben, reduziere ich die Dokumentation auf drei Briefstellen. Dreimal innerhalb dreier Wochen schrieb Heine von Norderney an seinen Freund Friedrich Merckel.

Am 28. Juli 1826: ». . . Die Goldschmidt ist eine sehr schöne Frau; übrigens . . . Aber die Goldschmidt ist sehr schön . . . Hier sieht es sehr lebhaft aus. Die schöne Frau ist schon hier sowie auch die Fürstin Solms, mit der ich vorig Jahr sehr angenehme Tage hier verlebt . . . Es ist hier sehr amüsant. Wellengeräusch, schöne Frauen, gutes Essen und göttliche Ruhe . . . Meine Adresse ist H. H. Dr. jur. . . Hier sind einige Berlinerinnen, die meine ›Reisebilder‹ gelesen, und eine darunter ist nicht übel . . .«

Am 4. August 1826: »Das Bad bekömmt mir sehr gut, und das ist die Hauptsache, die ich Dir mitzuteilen habe . . . will es mich bisweylen bedünken, als sey die schöne Frau aus Celle nicht mehr so schön wie 1825. Auch das Meer erscheint nicht mehr so romantisch wie sonst. – Und dennoch hab ich an seinem Strande das süßeste, mystisch lieblichste Ereignis erlebt . . . Wir sprachen kein Wort – es war ein langer, tiefer Blick . . . meine Seele zitterte und glühte . . . Das Leben hier ist ziemlich lebhaft. Der hannövrische Adel spielt die Hauptrolle . . . Die Prinzessin Hohenloh, siebzehn Jahre alt. Die Fürstin Solms ist ebenfalls wieder hergekommen; wir verkehren nicht mehr so viel wie vorig Jahr . . . An der schönen Cellenserin bewundere ich jetzt nur noch die Stimme. Ich sauge ein ihre Worte. Ich glaub gewiß nicht, daß sie mir gewogen ist, obschon sie letzthin zu mir sagte: ›Sie kenn' ich in und aus dem Sack.‹ . . .«

Am 16. August 1826: ». . . Das lichte Ereignis am Strande ist nicht so bedeutend wie Du glaubst, und wie meine leicht erregbare Sentimentalität es anschlug; es war ein Stern, der durch die Nacht herabschoß in grausamer Schnelligkeit und keine Spur zurückläßt . . . Ich lebe ganz isoliert, und nicht mahl, wie vorig Jahr, mache ich den schönen Weibern die Cour . . .«

Da Heine hier nichts erreichen und auch keine Briefkunstwerke verfassen will, erscheint mir die Übereinstimmung von subjektiver und objektiver, von poetischer und alltäglicher Wahrheit so groß wie sonst keineswegs immer in Heines Briefen.

Die Briefstellen bedürfen keiner Erläuterung oder Umschreibung, sondern lediglich ein paar sachlicher Erklärungen.

»Die Goldschmidt« heißt Jeaneth, geborene Jacobson. Ihren Ehemann hatte sie bei sich. Heine hielt nicht viel von ihm. »Die schöne Frau (aus Celle)« ist durch literaturhistorische Detektivarbeit im »Amtsblatt für die Provinz Ostfriesland« identifiziert worden als Caroline Auguste von Anderten. Sie konnte zu fröhlichem Flirt nicht immer aufgelegt sein. Ihrem Mann, einem Major, war sie die dritte Frau; sie gebar ihm vier Kinder und starb, im Alter von dreißig. So sah die Wirklichkeit der Mädchen und Frauen aus.

Die Fürstin Solms-Hohensolms-Lich und die Prinzessin Agnes von Hohenlohe-Langenburg waren Renommierbekanntschaften. Heine war immer gern dazu bereit, Adlige, die er persönlich kannte, von seiner politischen Polemik auszunehmen.

Um diese wie andere Bäder-Bekanntschaften auf eine volkstümliche Formel zu bringen: Es lief da nichts. Allenfalls mit dem Personal ließ sich was machen, aber wen interessiert das? Und natürlich müssen die Wörtlichnehmer von Heines Lyrik irgendwo an der Nordsee »das schöne Fischermädchen« unterbringen. Bis es untergebracht ist, möchte ich es für fiktiv halten dürfen.

Fiktiv oder doch im Leben Heines ohne jede ersichtliche Bedeutung waren all die Mädchen und Frauen, die hier als »Verschiedene in Paris und unterwegs« zusammengefaßt werden. Aber übergangen werden konnten sie dennoch nicht – zumal sie die Geschichte vom Hamburger Tannhäuser verlängern, der seine Venus suchte und mit Gelegenheitsbekanntschaften fürliebnahm. Und ob er je im Venusberg gewesen oder nicht, seine Phantasie reichte durchaus, sich einen Besuch so anschaulich vorzustellen, daß er jederzeit, wenn er wollte, davon erzählen konnte, als ob.

Je älter Heine wurde, desto mehr verlor für ihn die göttliche Geliebte, auch in ihrer menschlichen, also unzulänglichen Erscheinungsform, an Glanz – und an Gift. Das war eine etwas angebrauchte und abgestandene Venus, die da noch zuweilen beschworen wurde – aus der Venus venenata, der giftigen, wird die Venus rediviva, die wieder benutzte.

Freilich auch die zu neuem Leben erweckte. Dafür gab es in Paris die richtige Atmosphäre.

Heine fühlte sich dort zunächst schwerlich so wohl, wie er in den Briefen nach Deutschland gern behauptete. Und einigermaßen heimisch fühlte er sich wohl zum erstenmal anfangs der vierziger Jahre am Faubourg Poissonnière, in der einzigen Wohnung, wo er (vom erzwungenen Aufenthalt im Krankenzimmer der rue d'Amsterdam abgesehen) seßhaft wurde; er lebte dort von 1841 bis 1847.

Die deutsche Kolonie in Paris war ihm lästig. Und die Liste seiner französischen Bekannten wirkt zwar lang, wenn sie in Literaturgeschichten zusammengestellt wird; aber Freunde für den Alltag gab es darunter doch nur wenige. Heine in Paris war, wie die meisten Emigranten an jedem Ort und zu jeder Zeit, ein eher einsamer Mann.

Dies war ein Grund dafür, daß er die Nähe schlichter Mädchen und Frauen suchte, die sich fremden Männern gegenüber aus Gründen des Geschäfts wie des Temperaments unkomplizierte Umgangsformen angewöhnt haben. Die Mädchen waren in Paris nicht so viel anders als in

Hamburg; ihre Umgangsformen waren, so hört man, besser: weniger derb, weniger eindeutig. Zwischen Schauspielerinnen, Tänzerinnen, Verkäuferinnen, Blumenmädchen, »Grisetten« und Prostituierten gab es viele Übergänge, Mischformen, Zufälligkeiten. Gemeinsam war ihnen Herzlichkeit und Mangel an Hochmut; eine allzumenschliche Menschlichkeit, die noch nicht durch Nepp und Gewalt korrumpiert war.

Heines »Lieblingsspaziergang«, berichtet August Lewald, »war die Passage der Panoramas, wo man abends gern vermeidet hindurchzugehen, wenn man eine Dame am Arme führt . . . Hier beobachtete er das Pariser Treiben, und nebenher zogen ihn auch wohl die ›Zoen, Aglaën, Desiréen, Clarissen, Amélien, usw.‹ an, die hier beständig lustwandeln und denen er die hübschen Lieder gewidmet hat.« So war es wohl.

Heine suchte die Nähe dieser verschiedenen Venus-Kandidatinnen. Darüber besteht ein Konsensus zwischen allen, die je die Lust und die Mühe erfahren haben, den Wegen seines Lebens und Schreibens nachzugehen. Die Frage ist nur, was mit solcher »Nähe« gemeint sei. Und falls man es denn in Maßeinheiten ausdrücken will: ich neige zu Metern statt zu Millimetern.

Man könnte diesen Streit lässig auf sich beruhen lassen, wenn es sich um im Grunde belanglose Fragen der Intimsphäre handelte, die letztlich nur die unmittelbar Beteiligten etwas angehen. In Wirklichkeit geht es um ein Heine-Bild des 19. Jahrhunderts, das gute Aussichten hat, auch im 21. Jahrhundert noch Verwirrung zu stiften. Es geht um die Kreditwürdigkeit eines Hurenbocks. Und genau darum ging es in den frühen Dreißigerjahren des vergangenen Jahrhunderts.

Gute Liberale mögen der Ansicht sein, das Tagewerk eines Mannes könne nicht diskreditiert werden durch nächtliche Usancen. (Und das soll getrost auch für Frauen gelten.) Aber die Welt, in der Heine lebte, in der wir auch heute noch leben, ist nicht so liberal. Sie erwartet zumindest von einem Moralisten, daß er die Formen wahren und den Inhalt verantworten kann.

»Verschiedene in Paris und unterwegs« mußten deswegen eingeschoben werden zwischen Frauen, mit denen gut bekannt gewesen zu sein eines Heine würdig war: Rahel Varnhagen, George Sand, Cristina di Belgiojoso. Kurioser-, nein, bezeichnenderweise werden diese Frauen in der Literaturgeschichtsschreibung verhältnismäßig kurz abgetan. Die Längen werden gefüllt mit Henri Heines »sexuellen Ausschweifungen«. Und niemand hat dafür mehr Material geliefert als, wie immer wieder, Henri Heine selber.

Karl Gutzkow, der Heine in jener Zeit wohl wirklich gewogen, aber jedenfalls Politiker genug war, um die Folgen zu fürchten, hatte gewarnt. Heine hörte nicht darauf. 1844 veröffentlichte er in seinen »Neuen Gedichten« auch jene Verse an »Verschiedene«, die zum Teil schon vorher in literarischen Zeitschriften erschienen waren und die nun in einem Buch die Wirkung einer geballten Ladung erzielten.

Und an Gutzkow schrieb Heine diesen großartig selbstbewußten Brief, am 23. August 1838:

»Sie mögen gewiß recht haben, daß einige Gedichte

darin von Gegnern benutzt werden können . . . ich werde sie mit gutem Gewissen drucken, wie ich auch den Satirikon des Petron und die römischen Elegien des Goethe drucken würde . . . Nicht die Moralbedürfnisse irgendeines verheirateten Bürgers in einem Winkel Deutschlands, sondern die Autonomie der Kunst kommt hier in Frage.«

Verglichen mit dem Realitätsgehalt der »Verschiedenen« sind Goethes Römische Elegien geradezu Autobiographie. Weder der Inhalt noch die Entstehungsgeschichte rechtfertigt die Mutmaßung des Heine-Biographen Karpeles: »Mit vollem Behagen schlürfte Heine den Becher der Lust, den ihm Séraphine, Angélique, Diana, Hortense, Clarisse, Jolante, Marie, Jenny, Emma und andere so graziös reichten.«

Was heißt da den »Becher der Lust« schlürfen, selbst wenn wir die Verse beim Wort nähmen?

»Das Fräulein stand am Meere
Und seufzte lang und bang,
Es rührte sie so sehre
Der Sonnenuntergang.

Mein Fräulein, sein Sie munter,
Das ist ein altes Stück;
Hier vorne geht sie unter
Und kehrt von hinten zurück.«

So viel zu Séraphine.

»Ja freilich, du bist mein Ideal,
Hab's dir ja oft bekräftigt

Mit Küssen und Eiden sonder Zahl;
Doch heute bin ich beschäftigt.«

Dies war Angélique.

Bei Diana freilich geht's dann, wie schon gesagt, toll zu:

»Diese schönen Gliedermassen
Kolossaler Weiblichkeit
Sind jetzt, ohne Widerstreit,
Meinen Wünschen überlassen.«

Das machte dann auch Furore. Aber es hat doch mit Liebeserlebnissen viel weniger zu tun als mit Märchen-Visionen. Baudelaires junge Riesin (*»jeune géante«*) ist eine direkte Nachfahrin dieser Diana.

Im übrigen sprechen die Namen für sich. Sie dienen nicht irgendwelcher Verfremdung nach dem Muster »der wirkliche Name ist dem Dichter bekannt«, sondern sie passen genau in den Rahmen von Heines erotischer Privat-Mythologie der Engel und Madonnen. Nur ein bißchen dunkelhaariger sind die Marmorgöttinnen geworden.

7 *Fürstin Cristina von Belgiojoso-Trivulzio*

7 Cristina Principessa di Belgiojoso-Trivulzio

Politik und Eros

Ein großes deutsches Konversationslexikon weiß von der Fürstin Belgiojoso acht Zeilen. Die meisten von uns wissen noch nicht eine Zeile. Politikwissenschaftler mit Schwerpunkt Italien und Literaturhistoriker mit Schwerpunkt Heine wissen, wenn sie sehr gut unterrichtet sind, achtzehn Zeilen. So reduziert erscheint eine der faszinierendsten Frauengestalten dieser Welt, hundert und ein paar Jahre nach ihrem Tod.

Hier die Auskunft des Brockhaus: »Belgioioso (*sic*), Cristina Fürstin von Trivulzio, italien. Patriotin und Schriftstellerin, geb. Mailand 28. 6. 1808, gest. ebd. 15. 7. 1871; unterstützte in Mailand und Paris die Anhänger der italien. Unabhängigkeitsbewegung; gründete die Zeitschrift ›Gazetta italiana‹ (1843) und lebte nach 1849 im Orient. Sie kehrte 1855 nach Italien zurück, wo sie für die Einigung Italiens unter der Führung Piemonts eintrat.«

Kein Wort von Heinrich Heine. Und in Texten über Heine, auch längeren, kein Wort über Cristina. Dabei hätten die beiden gemeinsam ein sehr eindrucksvolles Paar sein können. Aber Heine schaffte das nicht. Und Cristina war eine sonderbare Frau. Wenn sie die Augen schloß, dachte sie an Gott, die Musik und die Freiheit Italiens.

Als Tochter des alten Mailänder Patriziergeschlechtes der Trivulzio wurde sie mitten hineingeboren in die Spannungen der italienischen Unabhängigkeitsbewegung. Als sie dreizehn Jahre alt war, erlebte sie die Verhaftung ihres Stiefvaters, des Marquis Alexander Visconti d'Aragona, der zum Kreis der Verschwörer gegen die österreichische Herrschaft gehörte. Hilfe gegen die Österreicher erhofften sich die Mailänder Langobarden von Frankreich. Deswegen fand sich Cristina – sie stand auf der schwarzen Liste Metternichs wie Heinrich Heine – eines Tages in Frankreich wieder.

Vorher allerdings heiratete sie noch: einen Fürsten Belgiojoso, sie sechzehn, er nur wenig älter. Er liebte die Kunst und die Frauen, er war der Held aller Mailänder Salons. Jede Dame schien bereit, für ihn zu fallen – nur die, die er geheiratet hatte, nicht. Indem er von seinen Rechten als Ehemann rücksichtslos Gebrauch zu machen versuchte, verstörte er sie schwer und nachhaltig. Nervöse Krämpfe, die sie ihr ganzes Leben lang quälten, haben vermutlich dort ihren Ursprung.

1830 begibt sie sich zu einer Nerven-Kur nach Genf, halb schon entschlossen, nicht nach Mailand zurückzukehren. Dem Fürsten Metternich erschien die Zweiundzwanzigjährige so gefährlich, daß er ihre Ausweisung verlangte. In Lugano trifft sie sich mit vielen anderen italienischen Flüchtlingen. Mit einem von ihnen, einem jungen Grafen Bolognini, reist sie weiter nach Frankreich, nach

Hyères, nach Marseille und endlich, im April 1831, über Lyon nach Paris. Sie lebte all diese Zeit, also etwa ein Jahr lang, mit Bolognini zusammen, ohne mit ihm zusammenzuleben; und solche Enthaltsamkeit hatte gewiß nichts zu tun mit Treue gegenüber ihrem Ehemann. Um sich an ihm zu rächen, der sie so oft betrogen, der sie so schmählich behandelt hatte, wäre sie gern Bologninis Geliebte geworden. Aber ihre ganze Natur sträubte sich dagegen. Noch erfaßte Ekel ihren Körper, wenn sie sich Umarmungen auch nur vorstellte.

In Paris gab sie sich zunächst als arme politische Verfolgte. Und da Metternich ihr Vermögen in Mailand hatte beschlagnahmen lassen, konnte sie am Anfang wirklich nicht über viel Geld verfügen. Angeblich verdiente sie sich ihren Lebensunterhalt durch das Bemalen von Damenfächern und Gläsern. Auf das Türschild ihrer kleinen Pariser Wohnung schrieb sie: *La Princesse Malheureuse.*

Freilich war der europäische Adel im 19. Jahrhundert eine große Familie, in der es vielerlei Querverbindungen gab. Dadurch hatte sie bald schon Kontakt zur Pariser *haute volée,* zu Adolphe Thiers zum Beispiel, dem nachmaligen Ministerpräsidenten, zu dessen Freund, dem liberalen Historiker François Mignet, und zu dem »Helden zweier Welten«, dem alten General Lafayette.

Sie alle waren oft zu Besuch bei ihr in ihrem sonderbar exotisch eingerichteten Zimmerchen im 5. Stock – zweimal fünf enge Stiegen in einem Pariser Mietshaus, das war eine ganze Menge für den amerikanischen Freiheitshelden, der inzwischen ein alter Herr von vierundsiebzig Jahren geworden war.

Oben residierte sie in einem heiligen Durcheinander von Zeitungen, Büchern, Manuskripten, Musikinstrumenten und mancherlei Nippes, wozu auch ein Totenkopf gehörte. Sie schrieb an einem dicken Buch über das katholische Dogma (es erschien 1842: »*Essai sur la formation du dogme catholique*«), wobei sie vor allem aus hebräischen Quellen schöpfte. Sie war damals dreiundzwanzig Jahre alt!

Und schön war sie. Im Palazzo Visconti d'Aragona in Mailand hängt ein Bild von ihr: schwarze Korkenzieherlocken umrahmen ein feingeschnittenes Gesicht, dem die griechisch-römische Nase ein scharfes Profil gibt. Die Lippen sind eher schmal, asketisch. Die dunklen Augen funkeln unter dichten schwarzen Augenbrauen. Die Bakkenknochen sind deutlich sichtbar. Das Kinn jedoch wirkt eher rund, sanft, weiblich als energisch. Am auffälligsten aber ist die todblasse, ins Grünliche, Bläuliche spielende Gesichtsfarbe. Einerseits war das die große Mode in dieser Generation der Romantik, die ebenso wie die Damen der Zwanziger- und dann wieder der Sechzigerjahre unseres Jahrhunderts sich die roten Apfelbäckchen der Mütter abgeschminkt hatten. Andererseits entsprach gerade diese Farbe dem Wesen der Cristina di Belgiojoso aufs vollkommenste.

Da sie dem alten Herrn nicht immer zumuten konnte, sich zu ihr in den fünften Stock hochzuquälen, besuchte sie auch gern den Salon des Generals Lafayette. Dort könnte sie Heine begegnet sein. Falls das so war, wissen wir nichts darüber.

Das erste gesicherte Datum einer Begegnung ist der 28.

März 1833. Cristina hatte inzwischen ihren eigenen Salon. Bei Lafayette hatte sie sich mehr und mehr als Aushängeschild und Vorzeigedame gefühlt. Und das ging ihr sehr auf die schonungsbedürftigen Nerven. Da traf es sich glücklich, daß der Kaiser von Österreich, aus welchem Grunde auch immer, ihr Mailänder Vermögen wieder freigegeben hatte.

Nun konnte sie sich einen eigenen Salon einrichten. Er war ganz mit dunklem Samt ausgeschlagen, auf dem Sterne leuchteten. Manchmal gelang den Gästen durch die angelehnte Tür ein Blick ins Schlafzimmer, das auch ihr Arbeitszimmer war, mit dem unvermeidlichen Totenkopf. Es war auf weiße Seide abgestimmt, und davor wachte ein riesiger Neger im Turban.

Die Fürstin selber empfing ihre Gäste in einem grauen Umhang, der an die Tracht von Nonnen erinnerte, ein funkelndes Diadem im schwarzen Lockenhaar, halb sitzend, halb liegend auf einer Ottomane.

Heine war fasziniert. Und er war nicht der einzige. Zu den von Cristina hingerissenen Männern gehörte Alfred de Musset, der kurz danach auch bei George Sand gewissermaßen Heines Nebenbuhler werden sollte. Nur Heine buhlte nicht mit. Sosehr ihn später George Sands andächtiges Begehren freier Liebe verschreckte, so hilflos war er gegenüber Cristinas Frigidität. Das Beste, was ihm einfiel, war: ihr die zur Steigerung des Liebesvermögens aufrufenden Romane von George Sand zu empfehlen. Sie las sie geduldig, und wenn sie die Augen schloß, dann dachte sie, wie früher schon, an Gott und Musik und Italien.

Anders als Heine, hatte Musset es darauf angelegt,

Christina näherzukommen – und sich eine Abfuhr geholt, die sein Selbstvertrauen derart erschütterte, daß er dringend einer George Sand bedurfte, um es einigermaßen wiederherzustellen.

Cristinas Mann machte unterdessen in Genf der Gräfin Guiccioli den Hof, die einmal Byrons Freundin gewesen war. Je länger man sich mit der romantischen Welt des Adels und der Revolution zwischen 1789 und 1848 beschäftigt, desto deutlicher wird einem: Tausend Menschen, sozusagen, unter ihnen immerhin fünfzig Frauen, beherrschten damals das geistige Leben Europas, das mit dem politischen noch beinahe identisch war.

Cristinas Salon war gedacht als ein Treffpunkt für Leute, denen es um die italienische Freiheit und Unabhängigkeit ging. Aber die Gäste brachten ihre eigenen Vorlieben mit, und die lagen zumeist auf den Gebieten der Kunst und der Literatur.

Als in den Salon die Musik einzog, ließ sich sogar der ungetreue Ehemann wieder sehen, dem Cristina inzwischen eine Scheinehe, begründet auf gegenseitige Duldung, eingeräumt hatte. Schließlich war auch er ein italienischer Freiheitskämpfer. Wichtiger für die Rechtfertigung seiner Anwesenheit im Salon war es freilich, daß er eine sehr klangvolle Stimme besaß. Rossini und Bellini begleiteten seinen Gesang. Auch Chopin, Thalberg und Liszt spielten im Salon Belgiojoso.

Musset war es ganz offensichtlich nicht gelungen, das Weibliche in Cristina aufzuspüren. Im Gegenteil, er muß sie schrecklich an ihren Ehemann erinnert haben. Einmal empfiehlt sie ihm, sich doch leichteren Liebchen zuzuwenden, *»aux succès faciles«*, und sie klagt: *»Le châtiment des amours vulgaires est d'interdire à ceux qui s'y livrent l'aspiration aux nobles amours«* – die Strafe für ordinäre Liebschaften besteht darin, denjenigen, die ihnen frönen, das Streben nach höherer Liebe unmöglich zu machen.

Auf diesem Niveau war Heinrich Heine durchaus bereit, die Tragweite der Zuneigung revolutionärer Seelen zu prüfen. Er überstand die zärtlich keuschen Bemühungen, die Cristina ihren Gästen angedeihen ließ, recht gut, beinahe lässig. Er fühlte keinerlei Bedürfnis, Cristina poetisch zu strafen wie Musset, der 1842 schrieb:

»Elle aurait aimée, si l'orgueil,
Pareil à la lampe inutile
Qu'on allume près d'un cercueil
N'eût veillé sur son cœur stérile.«

In deutscher Prosa heißt das so ungefähr: Sie wäre zur Liebe fähig gewesen, wenn nicht ihr steriles Herz auch noch bewacht worden wäre von einem Stolz, so nutzlos wie die Lampe, die man an einem Sarg entzündet.

Armer Musset.

Es gibt zwei Daten, die sich scheinbar schwer in das Denken und Tun der Cristina Belgiojoso einfügen, aber dennoch jemandem, der sich wie der italienische Germanist Mario Praz mit den Nachtseiten der Romantik beschäftigt hat, vollkommen ins Konzept passen.

Am 23. Dezember 1838 bringt Cristina di Belgiojoso ein Kind zur Welt. Man möchte da schier an unbefleckte Empfängnis glauben. Ganz unromantischerweise wird als

Vater allgemein der Ehemann angenommen. Zu verstehen ist das wohl als eine Trotz-Geste: Wenn ich das Weibchen hätte spielen wollen, wenn ihr traurigen Männer euch nur mehr Mühe gegeben hättet – das hätte ich allemal auch noch gekonnt (und, wenn ihr mir geholfen hättet, sogar schön gefunden).

Viel absonderlicher ist – zehn Jahre später – ein Bericht der österreichischen Polizei, der einem Mann wie Mario Praz keine Ruhe gelassen hat und der auch unser Verständnisvermögen einigermaßen strapaziert. Bei einer Durchsuchung ihres Hauses in Locate bei Mailand fanden die Beamten zwar nicht die belastenden Papiere, derentwegen sie gekommen waren, aber statt dessen, in einem Schrank, den einbalsamierten, in korrektes Schwarz gekleideten Leichnam eines jungen Mannes. Es handelte sich um Gaetano Stelzi, einen Freund und Mitarbeiter der Fürstin Belgiojoso, der am 16. Juni 1848 an Schwindsucht gestorben und am 19. Juni ordnungsgemäß begraben worden war. Beim Wiederöffnen des Grabes fand man in dem Sarg nur eine schwere Holzbohle. Wie und warum Cristina ihren späten Liebhaber, falls er das war, aus dem Grab wieder herausgeholt und zu sich ins Haus gebracht hat, ist völlig rätselhaft.

Einige nehmen an, die Österreicher selber hätten die Leiche in der Wohnung versteckt, um die Bewohnerin bloßzustellen. Möglich gewesen wäre ihnen das durchaus.

Dennoch halte ich diese Lesart für unwahrscheinlich. Drei Argumente sprechen dagegen: Die Idee, die Leiche, die man ja entkleiden mußte, um sie einzubalsamieren, dann wieder in einen korrekten schwarzen Anzug zu stekken, paßt besser zu einer Frau wie Cristina als zu Sicherheitsbeamten. Auch haben die Österreicher offenbar keinerlei Gebrauch gemacht von dieser Affäre, auf deren Zustandekommen sie so viel Mühe verwendet haben sollen; Cristina di Belgiojoso, inzwischen vierzig und auf dauernde Hilfe eines Arztes angewiesen, war für sie kein sehr gefährlicher Gegner mehr. Und schließlich hätte das ganze Manöver zu nichts geführt, wenn Cristina eine Frau gewesen wäre, der niemand zugetraut hätte, daß sie mit einem Toten zusammenlebt.

Man traute ihr das aber zu. Auch Heine. Ein Jahr vor jenem Zwischenfall schrieb er an die ihm gut bekannte Caroline Jaubert: »Ich bin im Augenblick ein sehr gefährlicher Mann, und Sie werden sehen, wie sich die Marquise Cristine Trivulzi *(sic)* in mich verliebt; ich bin genau der Totenknochen, dessen sie bedarf.«

Natürlich ist das eine nicht ganz ernst zu nehmende Metapher und kein Vorwurf der Nekrophilie. Aber daß Heine, der todkrank ist und sich todelend fühlt, kein besserer Scherz einfällt als »jetzt würde sich die Fürstin Cristina in mich verlieben«, kommt nicht von ungefähr.

Es kann nicht daran gezweifelt werden: Cristina di Belgiojoso wäre heute ein Fall für den klassischen Psychoanalytiker. Der Respekt vor ihrer politischen Leidenschaft soll nicht getrübt werden dadurch, daß diese zum Teil wenigstens Ersatz war, Ersatz für ein durch die Erlebnisse mit dem ersten Manne getrübtes Verhältnis zu Männern.

Vergegenwärtigen wir uns: Im Alter von sechzehn Jahren wird sie praktisch vergewaltigt von ihrem Ehemann Emilio Belgiojoso. Sie wirbt dann viele Männer an als

Freunde der italienischen Revolution; viele Männer jedoch wollen sie als Freundin – und danach, wenn es denn sein muß, auch ein bißchen italienische Revolution. Lafayette, vor dessen Alter sie sich sicher fühlte, macht sie (und nicht Italien) zur Attraktion seines Salons. Alfred de Musset, bei dem sie eine verwandte Seele, wie die ihre zerrissen von romantischem Weltschmerz und politischer Sehnsucht, vermuten durfte, ist offenbar nicht viel besser als ihr Ehemann.

Als dann das Kind kam, war das vielleicht ein Anfang der Besserung. Gaetano Stelzi tauchte in ihrem Leben auf, der sie verstand, bewunderte, der behutsam mit ihr umging. Und ausgerechnet der, dreizehn Jahre jünger als sie, mußte so schnell sterben. Ist es da wirklich ganz undenkbar, daß sie, die für makabres Zeremoniell immer viel übrig gehabt hatte, ihre eigene Art von Totenkult trieb?

Sicher ist, daß danach alles wieder sehr viel schlimmer wurde. Die Nervenanfälle wurden stärker; Epilepsie, sagten die Ärzte. Die politische Leidenschaft verlor jeden Sinn für Realitäten: Mit zweihundert begeisterten Neapolitanern segelte sie, einer zweiten Jeanne d'Arc gleich, gen Norden, um die Lombardei den Österreichern zu entreißen. Die Österreicher hat diese bunt gemischte Südländer-Truppe nie zu sehen bekommen. Von der Mailänder Bevölkerung wurde sie gefeiert; die Regierung war eher verlegen. Ein paar Tage gingen ins Land, und dann hörte man nichts mehr von den kühnen Kämpfern. Sie waren jeder seine eigenen Wege gegangen.

1861 wird Viktor Emanuel König von Italien. An Cristina di Belgiojoso denkt keiner mehr. Sie wird zu den Feierlichkeiten nicht einmal eingeladen.

Zehn Jahre später stirbt sie dort, wo sie hergekommen ist, in der Lombardei. Während all der letzten Jahre lebt sie in Angst vor Schergen, Geistern und Gespenstern. Sie kann die Finsternis nicht mehr ertragen: die ganze Nacht hindurch muß helles Licht brennen.

Heinrich Heine aber hat sie eine Treue gehalten, zu der nichts sie verpflichtete. Noch wenige Wochen vor seinem Tode war sie eine der letzten, die ihn besuchten.

Ein guter Beobachter, Jules Legras, notierte: »Es erscheint uns nicht nützlich, die Namen von mehr als zwei Frauen festzuhalten, die, jede in ihrer Art, einen starken Einfluß wenn nicht auf seinen Geist, so doch auf sein Leben ausgeübt haben: wir sprechen von der Fürstin Belgiojoso, seiner Gönnerin, und von Mathilde Mirat, seiner Mätresse, die später seine Frau wurde.«

Daß von allen Heines Mädchen und Frauen neben Mathilde keine andere so viel Beachtung verdient wie Cristina di Belgiojoso, darin stimme ich mit Legras um so lieber überein, als die ersten deutschen Heine-Biographen, und auch die letzten, neben den unsäglichen Hamburger Cousinen diese Cristina di Belgiojoso kaum bemerkt zu haben scheinen. Mit »Gönnerin« freilich – oder, in der Muttersprache von Legras, *»protectrice«* – scheint mir Cristinas Rolle nicht ganz richtig bezeichnet; und Heines dementsprechend auch nicht.

Gewiß: Cristina führte Heine in *le tout Paris* ihrer Zeit ein. Cristina besorgte ihm eine Wohnung, als er 1847 von Montmorency wieder in die Stadt ziehen wollte. Cristina setzte sich (vergeblich) bei ihren Freunden in höchsten französischen Regierungsstellen dafür ein, daß Heines 1848 gestrichene Staatspension weitergezahlt werde. Cristina schließlich versuchte, seine ewige Seele zu retten, indem sie 1849 den Priester Carron zu ihm brachte, der den evangelisch getaufen jüdischen Freigeist für den katholischen Glauben gewinnen wollte. Gewiß also: Cristina hat sehr viel für Heine getan.

Aber »Gönnerin« oder gar »Beschützerin«, die Fünfundzwanzigjährige gegenüber dem Mann von sechsunddreißig? War sie nicht selber recht schutzbedürftig, gar nicht die sichere Salondame mit Interesse nur für Gott, Musik und Italien, die zu sein sie in der Öffentlichkeit vorgab?

Wenn man die Höflichkeiten und Überschwenglichkeiten in Heines Briefen, die freilich selten ganz ohne Ironie sind, ernst nehmen wollte, könnte man an ihnen jene Bewunderung und Verehrung ablesen, die nicht die schlechtesten Voraussetzungen für eine große Liebe sind.

Die Briefe sind natürlich französisch geschrieben, denn Cristina konnte kein Deutsch, Heine kein Italienisch. Für die Übersetzung der Auszüge bin ich verantwortlich.

»Seien Sie gewiß, Madame, daß ich viel an Sie gedacht habe seit dem Abend von vorgestern, den ich eher einen ganzen Tag nennen möchte. Sie haben tatsächlich eine Schlacht geliefert, die des konservativen Establishments würdig gewesen wäre; sie haben auf das Volk geschossen, und das war ein schreckliches Feuer; wenig hätte gefehlt, und mein Herz, das eine Republik ist, wäre zur Monarchie geworden. Heute hingegen kehrt mir der Mut zurück . . . und ich bin schon wieder kühn genug, ohne Zittern an Sie zu denken . . . Ich habe noch nie etwas so Märchenhaftes, so Poetisches, so Zaubervolles gesehen wie diese schwarze Haarpracht, die sich in wilden Wellen vor der durchsichtigen Blässe Ihres Gesichtes abzeichnete. Und dieses Gesicht haben Sie von einem Gemälde aus dem 16. Jahrhundert gestohlen, von einem alten Fresko der lombardischen Schule . . . Dieses Gesicht verfolgt mich Tag und Nacht wie ein Rätsel, das ich gern lösen würde. Ihr Herz, das ganz ohne Zweifel wunderschön ist, kümmert mich wenig. Alle Frauen haben Herzen, und manche haben ganz prächtige Herzen. Zum Beispiel meine Großmutter. Aber keine hat Ihr Gesicht. – Glauben Sie mir, Madame, ich scherze nicht. Tag und Nacht zerbreche ich mir den Kopf, um die Bedeutung dieses Gesichts zu erraten, dieser Symbole, dieser unerhörten Augen, dieses geheimnisvollen Mundes, all dieser Züge, die nicht in der Wirklichkeit zu existieren, die vielmehr Hervorbringung eines Traumes zu sein scheinen, so daß ich schon immer Angst habe, all dies wird sich am nächsten Morgen in Nichts verflüchtigen.« (18. 4. 1834)

»Adieu, schönste, beste, bewundernswerteste Person, die mir auf dieser Erde begegnet ist. Die Erinnerung an Sie hüllt meine ganze Existenz in süßen Duft.« (28. 6. 1834)

»Die kleine Frau, die ich gestern bei Ihnen gesehen habe (gemeint ist Cristina selber), hat eine persönliche Anziehungskraft, ein ich weiß nicht was, das mich sonderbar bewegt. Daran gewöhnt, mir klarzuwerden über alles, was ich fühle, versuche ich vergeblich, mir dieses Gefühl zu erklären. Ich glaube, daß es sich um eine auf höchst verwirrende Weise erregte Natur handelt, deren Erregung ansteckend ist für Deutsche mit großen blauen Augen, sie schmerzt mich in der Seele und weckt dort eingeschlafene Reuegefühle . . .« (5. 4. 1835)

»Madame, man kann nicht schöner sein, als Ihr Körper und Ihre Seele es sind.« (11. 4. 1835)

»Ich habe meine Eigenschaft als Gott vergessen, ich habe meine Göttlichkeit kompromittiert, ich bin hinabgestiegen in den Sumpf der menschlichen Leidenschaften, und ich habe Mühe, wieder herauszukommen. – In meinen großen Verdrießlichkeiten, in meinen faden Qualen finde ich zuweilen Erleichterung, wenn ich an Sie denke, an Ihr Lächeln und an Ihre Freundschaft.« (4. 6. 1835)

»Tatsächlich, Fürstin, kein anderer auf der Welt hat so ausdauernd über Sie nachgedacht, über Sie meditiert wie ich. Ganze Wochen habe ich Tag und Nacht noch über die kleinsten Partien Ihres Gesichts nachgedacht. Ich weiß jetzt, was Ihre Nasenlöcher bedeuten . . . Ich verstehe Ihre Lippen und das Lächeln, das dort zum Vorschein kommen kann, ein Lächeln, wie es das sonst auf der Erde nicht mehr gibt und das man vielleicht nur noch im Himmel findet . . . Ach, hätte ich Sie doch früher kennengelernt!« (26. 8. 1835)

Dieser Brief ist doppelt interessant. Er wurde im Seebad Boulogne geschrieben, wo Heine nach längerem Aufenthalt auf Cristinas Schloß Zuflucht gesucht hatte, einer anderen verfallen – »ach, hätte ich Sie doch früher kennengelernt!« Und gefunden wurde dieser Brief im Nachlaß des Historikers François Mignet, der Cristina heftig umworben hatte. Wahrscheinlich hat sie ihm gerade diesen und nur diesen Brief gegeben, um zu beweisen, daß er auf

Heine nicht eifersüchtig zu sein brauchte. Jetzt nicht mehr!

»Bewahren Sie mir die Freundschaft, Madame, die Sie mir einmal verehrt haben, als ich ihrer vielleicht nicht so sehr würdig war; denn damals war ich nur ein Anbeter Ihrer Schönheit, und ich hätte jeder schlechten Meinung über Sie, jeder Fehldeutung Ihrer Handlungen gelassen zuhören können, solange man nur keine Gotteslästerung beging gegen Ihre Augen oder gegen die Lieblichkeit Ihrer Lippen. Seither, Madame, hat sich vieles sehr verändert, aus meinen kühl bewundernden Gefühlen ist ein Kult geworden für alles, was mit Ihnen zusammenhängt . . .« (30. 4. 1836)

So wie der »Kult« des Jahres 1836 mir ein wenig stilisiert, verfremdet erscheint, obwohl Heine aus sicherer Distanz ihn weiterpflegte, so waren auch die bewundernden Gefühle der Jahre 1834/35 keineswegs ganz so »kühl«, wie sie im nachhinein dargestellt werden.

Die dunklen Andeutungen in dem Brief vom 4. Juni 1835 beziehen sich auf die Frau, die neben Cristina di Belgiojoso, und am Ende vor Cristina, die größte Rolle gespielt hat in Heines Leben, sie beziehen sich auf Mathilde Mirat.

Heine wurde auf diesen Brief hin nach Jonchère bei Paris eingeladen, wo sich Cristina von ihrem inzwischen wieder freigegebenen Vermögen ein Schloß gekauft hatte. Heine tat das gewiß nicht, um sich über Gott und den italienischen Freiheitskampf informieren zu lassen; auch die Musiker, die bei Cristina verkehrten, fand er eher lästig.

Nein, es ging da ganz klar um die Alternative zwischen

Cristinas Geist und Mathildes Körper. Cristina war bereit, den Schein fürstlicher Unnahbarkeit abzulegen. Aber Heine war nicht der Mann, der sich zugetraut hätte, Cristina aus den Zwängen ihrer verletzten Weiblichkeit zu befreien. Er hatte Angst vor Frauen, die ihm überlegen sein konnten.

Von diesem Juni in Jonchère, »auf dem Schlosse des schönsten und edelsten und geistreichsten Weibes ... in welches ich aber nicht verliebt bin«, berichtet er seinem Freund Heinrich Laube am 27. September 1835, und aus diesem Brief eben stammt der berühmte, selbstanklägerische, verleumderische, aber richtig verstanden eben auch wahre Satz: »Ich bin verdammt nur das niedrigste und thörichtste zu lieben.« Wo Glück und Erfüllung gesucht werden, war Cristinas Geist entbehrlich. Geistreich war Heinrich Heine auch selber. Wonach er sich sehnte, weil er es eigentlich nie hatte genießen dürfen, war lustvolle Geborgenheit. Er war zu egozentrisch zu begreifen, daß diese Sehnsucht auch der Fürstin Cristina nicht fremd war. Und wenn er es begriffen hätte, so hätte es ihm doch an Unbefangenheit gefehlt und an Geduld.

Da trifft es sich am Ende glücklich, daß Mathilde mit den Epitheta »niedrig« und »thöricht« zumindest unvollkommen, und dadurch dann eben doch falsch, beschrieben wurde.

Denn etwa zur gleichen Zeit, in der er Cristina di Belgiojoso kennen- und verehren lernte, verspielte Heine auch die letzte Chance, sich mit einer Frau zu liieren, die – wie die Kritiker Mathildes es wohl ausdrücken müßten – »seiner würdig« gewesen wäre.

8 *Aurore Dudevant, genannt George Sand*

8 Amandine Lucile Aurore Dudevant-Dupin = George Sand

Theorie und Praxis der freien Liebe

Am 28. November 1834 begegnet Heine zum erstenmal der Kollegin, die eigentlich wie für ihn geschaffen erscheint. Franz Liszt hatte das Treffen vermittelt.

George Sand sprach mit Heine sofort über ihr Thema Nummer 1: die freie Liebe. Das Thema interessierte ihn gewiß auch. Daß er zu dieser Frau nie ein intimeres Verhältnis gewann, wirft ein sonderbares Licht auf den Panerotiker.

Gewiß, er war zu jener Zeit fest in Mathildes gar nicht so kleinen und ziemlich energischen Händen. Aber sagen die Biographen nicht, daß er wenig Skrupel hatte, wenn es denn sein mußte, Mathilde zu »betrügen«?

Gewiß, George Sand hatte ihre Leidenschaft für den zerbrechlichen Poeten Alfred de Musset noch nicht ganz überwunden, war aber drauf und dran, und sie wäre für Hilfestellung gewiß dankbar gewesen.

Stattdessen theoretisierten sie über die Liebe. Dabei komme es nur auf das Denken an und auf die Sinnenlust, soll Heine argumentiert und also wieder so recht den Teufel gespielt haben; denn seine Gesprächspartnerin hatte von ihm Auskünfte über das große Gefühl erwartet, das sie bewegte, wohl gar Bekenntnisse dazu.

Solche Auskünfte zu geben, solche Bekenntnisse abzulegen, vermochte Heine nicht. George Sand war ihm da, zumindest an Erfahrung, weit überlegen.

Wenn Heine, mit einigem Recht, der erste freie Schriftsteller genannt worden ist – was von jeher auch die Freiheit von ausreichendem Bargeld einschließt –, so war George Sand eine der ersten Frauen, die auf eigenes Risiko ernst machten mit der Emanzipation.

Die Männer haben es ihr heimgezahlt, haben ihr Bild geprägt als das eines »Mannweibes«, einer »Amazone«, die »vorn nichts hatte und hinten nichts«, die Lesbierin war, in Männerkleidung umherlief und Zigarren rauchte.

Daß dieses Zerrbild Bestand haben konnte, ist um so erstaunlicher, als es ja kaum eine Frau gibt, deren Liebesleben so umfassend dokumentiert ist wie das der George Sand. Sie selber hat das meiste dazu beigetragen.

Da gibt es in der Tat diese sehr enge Freundschaft mit der Schauspielerin Marie Dorval, über die Arsène Houssaye boshaft behauptete: »Damals war Sappho in Paris wieder auferstanden . . . in dem kleinen, blauen, ganz und gar ausgepolsterten Zimmer, darin die Frau, in Tabakwolken gehüllt, ihr Opfer erwartete.«

Das ist eine Verleumdung, die M. Houssaye heute teuer zu stehen käme. Aurore Dudevant war so normal wie nur möglich; sie war sogar, wenn man es denn so will, ganz erschreckend normal, nämlich viel zu weiblich für eine Frau, die sich gegenüber den männlichen Kollegen behaupten und doch nicht aufhören wollte, eine Frau zu sein.

In der Tat: sie lief zuweilen (keineswegs immer) in Jeans herum, die eine sehr nützliche Abwehr-Funktion hatten gegenüber Herren, die glaubten, es sich allzu leicht machen zu können. Und da es Jeans damals noch nicht gab, sprechen die Chronisten von »Männerkleidung«. Doch nie hat sie jemand mit einem Mann verwechselt, es war da auch »vorn mehr« und »hinten mehr« als bei manchen Twiggies heute.

Und da es das Wort »Zigarette« noch nicht gab, tauchen die »Zigarren« auch in heutigen Literaturgeschichten immer wieder auf, obwohl die Schreiber in vielen Schilderungen der Zeitgenossen hätten nachlesen können, daß der Tabak in Papier gewickelt wurde.

Am unfreundlichsten und verständnisärmsten über George Sand äußern sich die Kolleginnen, die sich einem Mann der Historie verschrieben haben: Lina Romann in ihrer Liszt-Biographie und Camille Bourniquel in ihrer Chopin-Biographie.

In der Tat wäre sowohl Liszt wie Chopin wahrscheinlich glücklicher gewesen, wenn es George Sand nie gegeben hätte; aber mit ihren Jeans, ihrem Zigarettenrauchen und der Größe ihres Busens hatte das überhaupt nichts zu tun. Vielmehr hatten Liszt und Chopin darunter zu leiden, daß George Sand auch in Männerkleidern eine so überwältigende Frau sein konnte.

Als Heine sie 1834 kennenlernte, war sie dreißig Jahre alt, sieben Jahre jünger als er. 1804 im Département Berry, zweihundert Kilometer südlich von Paris, geboren, stammte sie aus einer vielversprechenden Familie von Adligen und ihren unbürgerlichen Geliebten. Sie pflegte diesen Stammbaum und war besonders stolz auf Ururgroßvater und Ururgroßmutter: August den Starken von Sachsen und dessen ihrer Schönheit wegen legendenumwobene Geliebte Aurora von Königsmarck. Nationalisten könnten mit wenig Mühe George Sand als eine nach Frankreich verschlagene Deutsche requirieren – wenn sie sie hinreichend schätzten.

Ihre Mutter war eine Grisette Sophie Delaborde, ihr Vater ein subalterner Offizier, der seinem General während des Italienfeldzugs die Geliebte ausgespannt hatte. Er heiratete sie einen Monat vor der Geburt der Tochter, der er dann den Namen der Großmutter wie der illustren Ururgroßmutter gab: Aurore.

Das Kind wuchs auf in Nohant, dem bescheiden stattlichen Landsitz der Familie. Im Alter von dreizehn Jahren wurde es auf eine Klosterschule nach Paris geschickt. Drei Jahre später holte die Großmutter, die inzwischen in Nohant das Sagen hatte, es wieder zurück. Jung-Aurore schien drauf und dran, unter Klosterschul-Einfluß eine Nonne werden zu wollen, und das war der eher weltlich orientierten alten Dame gar nicht recht.

Es folgte, was in solchen Fällen so häufig folgt; und das nicht nur im 19. Jahrhundert. Um »selbständig« zu werden, heiratet Aurore den ersten besten Mann, der sich anbot – also weder geradezu den ersten noch jedenfalls den besten, sondern Casimir Dudevant, den unehelichen Sohn eines Barons, eine gute Partie für die Tochter einer Grisette, eine unmögliche Partie für ein Mädchen, das sich selber verwirklichen wollte und das Zeug dazu hatte.

Casimir war nicht besser und nicht schlechter, als es die Gutsbesitzer niederen Adels in der französischen Provinz waren. Die Frau bedeutete ihm Wirtschafterin, Lustobjekt und Gebärerin. Sobald sie sexuell nicht mehr reizte, kam das Gesinde dran. Und wo nichts mehr half, half Alkohol.

Daß Aurore das Schicksal ihres Geschlechts, welches sie mit Tausenden von Frauen in der französischen (und nicht nur in der französischen) Provinz teilte, als eine unerträgliche Demütigung empfand, mag nicht originell gewesen sein: viele andere, was wissen wir von ihnen, dürften das ganz genauso empfunden haben. Aber unter ihnen allen war nur Aurore Dudevant stark genug, um auszubrechen.

Dabei hatte sie pflichtgemäß ihrem Mann, der natürlich ihr erster Mann war, zwei Kinder geboren, Solange und Maurice. Und auch damals schon wurde das Ausbrechen dadurch sehr erschwert, daß man sich über das Schicksal der Kinder verständigen mußte.

Casimir spielte seine Rolle ganz gut. Er gab sich liberal, solange man ihm nur erlaubte, Gutsbesitzer und den weiblichen Domestiken nahe zu bleiben. Die Kinder behielt er zunächst auch; was sollte Aurore mit ihnen, wenn sie nach Paris ging.

Wie gut der Absprung vorbereitet war, wissen wir nicht. Anzunehmen ist, daß Aurore Lucile im heimischen Landsitz zu Nohant allerlei Kontakte hatte zu Journalisten und Schriftstellern, die in Paris ihr Glück suchten oder schon beinahe gefunden hatten. Nicht anzunehmen ist, daß diese Kontakte über Erlaubtes hinausgingen. Von der Klosterschule her an Disziplin gewöhnt, hatte sie sich wirklich rührende Mühe gegeben, ihrem beschränkten und saufenden Schürzenjäger von Ehemann eine brave Landfrau zu sein; sie hatte das auch neun Jahre lang durchgehalten.

Aber dann war Schluß. 1831 verließ sie ihren Mann und war bereit für die große, freie Liebe. Für ihren Lebensunterhalt hatte sie eine kleine Rente, den Rest wollte sie als Journalistin verdienen. Es gelang ihr, beim »Figaro« anzukommen, dessen Chefredakteur Latouche aus ihrer Heimat stammte.

Die Welt des Journalismus war damals, viel ausschließlicher als heute, eine männliche Welt. Aurore Dudevant schien es daher das Beste, sich dieser Welt äußerlich anzupassen und auch ihre Arbeiten unter einem männlichen Namen zu veröffentlichen.

Sie lebte mit einem der jungen Männer zusammen, die sie schon von Nohant her kannte, mit Jules Sandeau. »Ich widerstand ihm drei Monate«, schrieb sie später in ihrer geständnisfreudigen Art, »aber dann gab ich nach.« Diskretion war ihr ein Fremdwort.

Mit Jules Sandeau zusammen schrieb sie ihre ersten Romane, die heute zu Recht vergessen sind, unter dem Namen Jules Sand.

Aber der Mitarbeiter entsprach bald nicht mehr ihren Anforderungen, weder als Literat noch als Liebhaber. Und als sie ihn eines Tages – sie war früher als angekündigt von einem Besuch zu Hause in Nohant zurückgekommen – mit einer anderen ertappte, war es aus.

Sie behielt den Familiennamen bei, legte sich einen neuen Vornamen zu und schrieb die ersten beiden Romane, die sie berühmt-berüchtigt machten, »Indiana« (1832) und »Lélia« (1833), als George Sand.

»Indiana« erzählt von einer Gutsbesitzersfrau, die mit einem Typ wie Casimir Dudevant verheiratet ist. Erbarmungslos wurde der Ehemann zum Romanhelden umgemodelt.

»Lélia« schließt daran an und verkündet George Sands höchst romantische Vorstellungen von der freien Liebe, die zu sehen ist als eine Art erotischer Entwicklung des Menschengeschlechts, also von Stufe zu Stufe und mit offenbar wechselnden Partnern immer höher führt, zu Über-Liebenden gewissermaßen.

Das alles folgt nun aber keineswegs hedonistischen Prinzipien. Nicht um Lustgewinn geht es, sondern um eine Art irdischer *unio mystica,* Teilhabe des Menschen am Göttlichen.

Das klingt ziemlich verschwommen und reichlich hochgestochen. In der Wirklichkeit gelebten Lebens nahm die hohe Lehre deutlichere und vertrautere Züge an. Unnötig unfreundlich, aber sicher nicht ganz falsch ist die böse Formulierung eines zeitgenössischen Kritikers: »Wenn bei George Sand eine Dame ihren Liebhaber zu wechseln wünscht, dann ist Gott immer in der Nähe, um das Transfer-Geschäft zu erleichtern.«

Jules Sandeau wurde in einem Roman untergebracht. Die Autorin war frei für neue, gesteigerte Liebe.

Sie machte Sainte-Beuve, den gefürchtetsten und bedeutendsten französischen Literaturkritiker seiner Zeit, einen älteren Kollegen also gewissermaßen, zu ihrem Vertrauten. Und Sainte-Beuve erwies sich als unermüdlicher

Kuppler. Im übrigen war er wohl nicht so veranlagt, daß er sich auch selber mit auf die Transfer-Liste gesetzt hätte.

Aurore Dudevant war innerhalb der Pariser Literatenkreise schon recht berühmt. Die Saint-Simonisten wollten sie sogar zur Hohen Priesterin ihres Kults machen, aber sie war klug genug, das abzulehnen. Für den Gedanken, Liebesorgien zu zelebrieren mit Prosper Enfantin, dem Hohen Priester der Saint-Simonisten, war sie allenfalls in der Theorie zu haben.

In der Praxis entschied sie sich für den ihr von Sainte-Beuve vermittelten Prosper Merimée. Das ging eine Woche lang, und es ging gar nicht gut. Merimée war mehr an moralisches Federgewicht gewöhnt. George Sand betrieb die freie Liebe mit Ernst und Andacht.

Sainte-Beuve wurde aufgefordert, einen passenderen Partner zu finden. Einem Literaturkritiker fallen zunächst immer nur Literaten ein, was ein bißchen kurios in diesem Falle wirkt, da es bei George Sand ja nicht so sehr um literarische Aufgaben ging. Sainte-Beuve aber kam zurück auf einen früher schon einmal gemachten Vorschlag: Alfred de Musset.

George Sand hatte zunächst abgelehnt. Zwar störte es sie kaum, daß Musset sechs Jahre jünger war als sie. Das spielte in den literarischen Kreisen der Romantik keine Rolle. Auch Jules Sandeau war sieben Jahre jünger gewesen. Aber sie hatte wenig Sinn für die feingeschliffene Ironie, die der modernste der französischen Romantiker als Waffe einsetzte gegen seinen Weltschmerz. Wer Liebe sucht, fürchtet Ironie.

Nun sollte es also doch Musset sein. Und die ersten Berichte an Sainte-Beuve klingen viel enthusiastischer, als der zu hoffen gewagt hatte. Ja, es wurde zwischen den beiden Liebenden beschlossen, eine »Hochzeitsreise« zu machen – nach Italien.

Mutter Musset, eine Dame der alten adligen Gesellschaft, hielt von dieser Art »Hochzeit« gar nichts. Als lebenserfahrene Französin wußte sie natürlich, daß die Männer Verhältnisse hatten, mit Grisetten meistens. Aber jetzt mit dieser auf eine etwas anrüchige Weise berühmten Kollegin, und dann gleich »Hochzeitsreise«? Es spricht für George Sand, daß ein Besuch von ihr bei Madame de Musset genügte, der alten Dame das Einverständnis abzuringen.

Ende 1833 fuhren sie ab. Während der Überfahrt von Marseille nach Genua wurde Musset seekrank. Seine Partnerin paffte vergnügt Zigaretten an der Reling. Sie war von schier unerschütterlicher Gesundheit. Im Januar 1834 kamen die beiden in Venedig an.

Und dann war da doch alles ganz anders, als Musset sich das wohl vorgestellt hatte. Diese Frau schrieb den ganzen Tag und bis weit in die Nacht hinein – zum Beispiel auch über ihn, wie er mit Recht argwöhnte. Sie war eine Frau, die man lieben konnte und mußte, auch im allererschöpfendsten physischen Sinne. Aber sie war nicht eine Frau, mit der man sich leicht amüsieren konnte.

Musset amüsierte sich anderweitig, in Bars und Casinos. Aber das hielt er gar nicht aus, zusätzlich zu den hohen Ansprüchen, die seine Partnerin, wenn sie einmal nicht schrieb, an ihn stellte. Er wurde krank. Ein Arzt mußte bestellt werden und sich bald nicht nur um den kranken Musset, sondern auch um dessen allzu gesunde Partnerin kümmern.

»Oh«, schrieb sie an Musset, »warum kann ich nicht mit Euch beiden leben und Euch beide glücklich machen, ohne ausschließlich dem einen oder anderen zu gehören?«

Daß die physische Liebe nicht monogam zu sein braucht, wußte Musset – von Männern. Daß eine Frau es als durchaus möglich ansah, sexuelle Beziehungen gleichzeitig zu ihm und zu einem anderen Mann zu unterhalten, verschreckte ihn tief. George nahm den unglücklichen italienischen Arzt mit nach Paris – von wo sie ihn dann auch sehr bald schon wieder zurückschickte. Alfred blieb zunächst in Venedig. Er hat ihr das nie ganz verziehen. Die Schuld an dem Fiasko, das bei ihr wie bei ihm auch wieder Literatur geworden ist, nahm er allerdings auf sich. Wieder zurück in Paris, widerstand er ihren flehentlichen Briefen nicht immer, traf sich zuweilen mit ihr, lebte auch noch ein paar Tage und ein paar Nächte mit ihr zusammen; aber der Bruch, den sein Selbstgefühl in Venedig erlitten hatte, war irreparabel.

Aufs tiefste enttäuscht von dem italienischen Arzt, der nun glücklicherweise nach Venedig zurückgefahren war, noch immer um Musset werbend, von dem sie jedoch nicht nur wußte, daß er verloren war, sondern auch, daß er letztlich ihren Ansprüchen so wenig genügen konnte, wie all die anderen ihnen genügt hatten – so lernte George Sand Heine kennen: welch eine Chance!

Sie langweilte sich. Sie sehnte sich nach dem Mann, den Männern, die ihr gewachsen waren, und noch die tiefste Sehnsucht schloß die Bereitschaft, enttäuscht zu sein, bereits mit ein. Kompromisse hatte sie während ihrer Ehe genug geschlossen. Die Theorie der freien, der großen, der den Menschen von Grund auf verändernden Liebe duldete keine Kompromisse.

Aber so richtig glaubte sie nicht mehr daran. Sie war jetzt dreißig Jahre alt. Und mit mindestens fünf nennenswerten Männern hatte sie versucht, ihre Vorstellungen von Liebe zu erfüllen: Dudevant, Sandeau, Merimée, Musset, Pagello (der italienische Arzt). Die Zählung bedeutet keinen Einbruch in eine Intimsphäre. George Sand zählte selber und beschrieb, kaum kaschiert, die Männer, die vor ihr versagten. Musset kommt dabei am besten weg.

Kein Zweifel, daß es noch einmal ebenso viele Männer, vermutlich ein paar mehr gab, die sie nicht zählte. »Die zählen doch nicht«, hätte sie, die nur allzu bereit war, Auskunft zu geben über Intimes, dann wohl gesagt. Eine Stimme aus dem neunzehnten Jahrhundert, die uns auch im zwanzigsten noch recht vertraut klingt.

August Lewald hatte das Vergnügen, von Heine mitgenommen zu werden zu George Sand. Er beschreibt sie als »eine kleine, zierliche Frau, mit sehr großen braunen hervortretenden Augen, an jeder Seite der hohen Stirne dicke schwarze Locken, mit farbigen Schleifen durchflochten, die Hinterhaare dicht an das Haupt gesteckt, nach Art der Landmädchen in gewissen Gegenden Italiens, welches denselben ein fast männliches Aussehen gibt. Ihre Kleidung bestand in einem dunkelblauen Schlafrock, der gleichfalls zwischen einem männlichen und weiblichen die Mitte hielt; sie saß ungezwungen, eine kleine Porzellanschale im Schoße, woraus sie kleine Blätter nahm, die sie in zierlich zugeschnittenes Papier wickelte; wenn sie sprach, zeigte sie ihre großen weißen Zähne, und eine starke, etwas gebogene Nase verlieh ihrem Gesichte einen Ausdruck von Entschlossenheit, dem jedoch die weibliche Grazie nicht fehlte . . .«

Heine unterhielt zu dieser Frau ein freundschaftliches und zugleich auf Distanz angelegtes Verhältnis. Als seine liebe, seine schöne, seine gute Cousine redet er sie an in den elf erhaltenen Briefen, von denen acht sehr kurz sind, und keiner ist lang. Es geht manchmal um literarische Fragen und meistens darum, eine Verabredung abzusagen. Dafür ist ihm jeder Vorwand recht.

Er hielt sich etwas darauf zugute, mit der berühmten George Sand so vertraut zu stehen, daß er ihr den einen oder anderen Besucher zuführen durfte. Aber im Grunde verschreckte ihn diese Frau ebenso sehr, wie sich Alfred de Musset von ihr verschreckt gefühlt hatte. Heine ließ sich auf nichts ein; er war da weiser, freilich auch fast fünfzehn Jahre älter.

George Sand besetzte die Rolle ihres Liebhabers, die Heine wahrscheinlich hätte haben, aber niemals hätte halten können, noch ein paarmal um. Sie selber gibt Auskunft vor allem über: Michel de Bourges, den Advokaten, der ihr endlich zur Ehescheidung verhalf und sie zum Sozialismus bekehrte; Franz Liszt, bei dem man nicht so recht weiß, wie weit es ging; und schließlich Frédéric Chopin, ein zweiter Alfred de Musset, an der Intensität des Erlebens gemessen, der zweite auch, mit dem sie eine »Hochzeitsreise« macht, diesmal nach Mallorca. In die literarische Schmetterlings-Sammlung kommt auch er: »Un hiver à Majorque« (1842), »Lucrezia Floriani« (1847).

Seit Sainte-Beuve nicht mehr die Kontakte vermittelte, waren die Literaten ins Hintertreffen geraten. So ganz recht war das Heine dann wieder auch nicht. Als eines Tages, gegen Ende des Jahres 1839, auch Heinrich Laube George Sand kennenlernen möchte und ihn fragt: »Virtuosen müssen ihr besonders angenehm sein?« – antwortet Heine: »Sie sucht Gott, und er ist ja nirgends schneller zur Hand als in der Musik. Das ist so allgemein, das fordert keinen Widerspruch heraus, das ist niemals dumm, weil es niemals klug zu sein braucht, das ist alles, was man eben will und kann – das erlöst vom Geiste, der uns peinigt, ohne doch geistlos zu machen.«

George Sand wurde zweiundsiebzig Jahre alt. Mit »Jeanne« schrieb die Vierzigjährige (1844) die erste jener idyllischen Studien aus dem Landleben, die als ihre literarischen Meisterwerke gelten. Es folgten, unter anderem, »La Mare au diable« (1846) und »Les Maîtres sonneurs« (1853). Den Abschluß bildeten die »Erzählungen einer Großmutter«. Als sie am 8. Juni 1876 starb, sollen ihre letzten Worte gewesen sein: »Macht mir meine Grünpflanzen nicht kaputt« *(»Ne détruisez pas la verdure«)*.

Am Ende zeigte sich deutlich: Sie war nicht verrückt, auch nicht einmal abnorm. Das Alter, vor dem sie sich so sehr gefürchtet hatte, brachte ihr mehr Glück und Zufriedenheit als das bewegte Liebesleben ihrer jüngeren und mittleren Jahre. Falls sie an Heinrich Heine, den deutschen Musset, der gar nicht erst anfangen wollte zu versagen, jemals noch gedacht hat, dann hat sie keinen Gebrauch davon gemacht – weder handelnd noch schreibend.

Heine war vermutlich auch ganz froh, nicht auf eine Probe gestellt worden zu sein, die zu bestehen so gut wie aussichtslos war. Der Briefwechsel schlief ein, nachdem zu Neujahr 1846 Heine seiner lieben, schönen und guten Cousine noch einmal eine Schale als Präsent geschickt hatte.

Acht Jahre später und schon halb tot schreibt er, alte Vorlagen verwendend, in einer »Notiz« zu den gesammelten »Berichten über Politik, Kunst und Volksleben«, die unter dem Namen »Lutetia« in seine Werke eingegangen sind, ein sehr lesenswertes und ziemlich gerechtes Porträt, aus dem noch ein paar Sätze zitiert werden sollten.

»George Sand, die größte Schriftstellerin, ist zugleich eine schöne Frau. Sie ist sogar eine ausgezeichnete Schönheit. Wie der Genius, der sich in ihren Werken ausspricht, ist ihr Gesicht eher schön als interessant zu nennen ... Der Schnitt (ihrer Gesichtszüge) ist jedoch nicht schroff und wird gemildert durch die Sentimentalität, die darüber wie ein schmerzlicher Schleier ausgegossen. Die Stirn ist nicht hoch, und gescheitelt fällt bis zur Schulter das köstliche kastanienbraune Lockenhaar. Ihre Augen sind etwas matt ... und ihr Feuer mag wohl durch viele Tränen erloschen oder in ihre Werke übergegangen sein ... Der Autor von ›Lélia‹ hat stille, sanfte Augen, die weder an Sodom noch an Gomorrha erinnern ... Ihren Mund umspielt gewöhnlich ein gutmütiges Lächeln, es ist aber nicht sehr anziehend; die etwas hängende Unterlippe verrät ermüdete Sinnlichkeit. Das Kinn ist vollfleischig, aber doch schön gemessen. Auch ihre Schultern sind schön, ja prächtig. Ebenfalls die Arme und die Hände, die sehr klein, wie ihre Füße. Die Reize des Busens mögen andere Zeitgenossen beschreiben; ich gestehe meine Inkompetenz.«

Das ist von vielen Geständnissen des angeblich lebemännisch liebestollen Henri Heine eines der sonderbarsten. Höchst sonderbar, zum Nachdenken anregend für jemanden, der hier zur Abwechslung einmal wieder geneigt ist, Heine aufs Wort zu glauben.

9 *Heines Ehefrau Mathilde geb. Mirat*

9 Crescence Eugénie Mirat = Mathilde

Ehe nach Goethes Vorbild

In dem gleichen Brief vom 27. September 1835 an Heinrich Laube, in dem Heine bekundet, er sei nicht verliebt in die Fürstin Belgiojoso, das »schönste« und »edelste« und »geistreichste« Weib, legt er jenes sehr taktlose Geständnis ab: »Ich bin verdammt, nur das niedrigste und thörichtste zu lieben.«

In Heines Briefen mischen sich Dichtung und Wahrheit, Absicht und Bekenntnis; der Wahrheit ist er immer um so näher, je ferner ihm eine Absicht liegt, mit dem Brief etwas Bestimmtes zu erreichen; je weniger er »diplomatisieren« und »lavieren« muß.

Die Absicht, Mathilde zu kränken, hatte er gewiß nicht. Deswegen halte ich beide Aussagen für wahr. Gerade dadurch wird die zweite zu einer ungeheuren Kränkung für Mathilde, auf die sie sich zweifellos bezieht. Die Gemeinte hat davon glücklicherweise nie etwas erfahren. Aber auf das Bild, das die Historiker von ihr gemalt haben, hat dieser eine Satz wohl mehr abgefärbt als alles, was Mathilde selber zu diesem Bild beitragen konnte.

Im Oktober 1834 lernte der siebenunddreißigjährige Heine das damals neunzehnjährige Dorfkind aus dem Seine-Marne-Gebiet kennen, das Creszenzia Eugénie Mirat hieß. »Ich nenne sie am liebsten Mathilde«, schrieb er viele Jahre später an seine Schwester, die ihn mit einem biographischen Fragebogen belästigt hatte, »weil der Name Creszenzia, welcher auch der ihrer Mutter ist, mir immer in der Kehle wehe that.« Warum gerade »Mathilde«, weiß kein Mensch. In der Familie Heine war der Name freilich nicht selten. Zwei von Heinrichs weniger berühmten Cousinen hießen so. Mathilde heißt die schöne Irin, über die Heine in den »Bädern von Lucca« berichtet. Und Mathilde hieß auch die Tochter seines Verlegers Campe, die ihm gerade in jenen Tagen Grüße geschickt hatte.

Mathilde Mirat war als Verkäuferin im Laden ihrer Tante, Madame Maurel, beschäftigt. Heine ging auf seinen Spaziergängen häufig an diesem Laden, in der Nähe des Justizpalastes, vorbei. Eines Tages wird er sich ein Herz gefaßt und sie angesprochen haben.

Bei Mädchen von der Art Mathildes überwand er noch am leichtesten eine Scheu, die nicht nur auf Heines im Anfang keineswegs fließendes, geschweige denn akzentfreies Französisch zurückgeführt werden muß.

Mädchen von der Art Mathildes, das waren die Sängerinnen und Drehbahn-Gespielinnen in Hamburg im Gegensatz zu den Cousinen, das waren die Zimmermädchen und Serviererinnen in den Seebädern im Gegensatz zu den Gästen, das waren die Grisetten und Kokotten in Paris im Gegensatz zu den Intellektuellen und Salondamen.

»Niedrig« und »thöricht«? Gewiß, in gleichem Maße,

in dem das auch für Goethes Frau Christiane Vulpius gilt: ohne jeden gesellschaftlichen Rang und ohne jedes literarische Interesse.

Heine war weder der erste noch der letzte Mann, der das als ganz wohltuend empfand, so sehr er es gelegentlich auch beklagte. Daß sie gesellschaftlich unter ihm stand, sogar unter ihm, der weder reich noch adlig noch Franzose war, gab ihm die Befriedigung, sie zu sich emporheben zu können. Daß sie von seinen literarischen Arbeiten buchstäblich kein Wort lesen oder gar verstehen konnte, gab ihm die Befriedigung, sich von ihr als Mann bewundert zu fühlen: nicht als Liebesdichterling, sondern als Liebhaber. Und alle Frauen, denen sich Heine dadurch als ein »typischer Mann« entlarvt, daß er intellektuell von seiner Frau gar nicht verstanden werden wollte, haben, so fürchte ich, recht. »Von den Frauen hatte er speziell eine sehr geringe Meinung«, schrieb in seinen Memoiren ein Friedrich Pecht, »hielt sie für untergeordnete Wesen – wohl im Hinblick auf die seinige . . .«

Das ist nur halb wahr. Aber halb wahr ist es eben doch. Heine hatte theoretisch gewiß nichts gegen die Frauen-Emanzipation. Aber persönlich fühlte er sich in der Gesellschaft emanzipierter, weder »niedriger« noch »thörichter« Frauen eher gehemmt und unbehaglich. Wobei Rahel Varnhagen vielleicht die einzige Ausnahme war.

Es gibt ein Gerücht, wonach Heine der Tante Maurel dreitausend Franken gezahlt habe, damit sie Mathilde freigab. Darauf gründet sich der große Monolog, den der französische Schriftsteller Alexandre Weill in seinen Erinnerungen, fast fünfzig Jahre später, Mathilde in den Mund legt: »Henri, ich habe dir alles gegeben, was ein anständiges Mädchen dem Mann, den sie liebt, geben und was er ihr nie zurückgeben kann. Wenn du glaubst, ich weiß nicht, daß du mich gekauft hast, so irrst du dich. Wenn ich bereit war, deine Geliebte zu sein, so geschah es, weil von allen Männern, die mir den Hof machten, du der einzige warst, der mir gefiel, und weil man mir sagte, daß ein Deutscher treuer sei als ein Franzose. Aber ob du mich nun gekauft hast oder nicht – ich habe mich darum noch lange nicht verkauft. Merke dir also: ich werde dich nie verlassen, du magst mich lieben oder nicht, du magst mich heiraten oder nicht, du magst mich mißhandeln oder nicht – ich werde dich nie verlassen. Hörst du? Nie! nie! nie!«

Weill ist ein Schwätzer und ein höchst unzuverlässiger Zeuge. Die Summe von 3000 Franken ist unglaubwürdig hoch (da Umrechnungen auf heutige Währung kaum möglich sind, zum Vergleich: Heine handelt später mit seinem Verleger Campe für Mathilde eine Jahresrente von 2400 Franken aus). Aber die geschilderte Szene könnte sich so oder so ähnlich schon abgespielt haben. Jedenfalls mag sie sich in Mathildes Erinnerung so dargestellt haben während der siebenundzwanzig Jahre, die sie ihren Henri überlebte. Und Weill war einer ihrer Vertrauten in all diesen Jahren. (Mathilde starb 1883, er lebte bis 1899.)

Weill ist auch der einzige der Zeitgenossen, der Mathilde als eine Schönheit preist. Sie war es wohl nicht. »Eben nicht zu hübsch«, urteilt Grillparzer 1836. Und ein Friedrich Wilhelm Rogge beschreibt gar die Einundzwanzigjährige als »längst über die Zeit des Pfirsichhauches auf den Wangen hinaus«, »für eine Französin ziemlich groß und voll« und »ziemlich ärmlich und wasserscheu«.

Heinrich Laube hingegen, Frauenkenner und in diesem Falle zu skeptischem Wohlwollen geneigt, fand in Mathilde ein »junges, stattliches Mädchen« von »voller Figur mit heiterem, rundem Antlitz und von angenehmem Wesen«. Er, wenn irgendeiner, sah sie mit Heines Augen.

Beschreibungen Mathildes durch die Zeitgenossen werden ergänzt durch das, was uns die wenigen Bilder von ihr verraten. Sie hatte den kräftigen Körperbau eines Mädchens vom Lande und war schon früh gezeichnet durch harte Arbeit. Wie man sich überhaupt diese Pariser Arbeitermädchen, die wegen ihrer billigen grauen Kleider Grisetten genannt wurden, im allgemeinen nicht als Schönheiten vorstellen darf, wozu eine etwas abwegige Paris-Romantik so leicht verführt. Harte Arbeit macht selten schön.

Henri Heine hatte so etwas wie Mathilde noch nie zuvor erlebt. Alle, die ihn wirklich kannten, sind sich darüber einig. Über Mathilde schreibt er daher, auch in Versen, ganz anders, als er je über eine andere Frau geschrieben hat.

»Das ist der böse Thanatos,
Er kommt auf einem fahlen Roß;
Ich hör' den Hufschlag, hör' den Trab,
Der dunkle Reiter holt mich ab –
Er reißt mich fort, Mathilden soll ich lassen,
O, den Gedanken kann mein Herz nicht fassen!

Sie war mir Weib und Kind zugleich,
Und geh' ich in das Schattenreich,

Wird Witwe sie und Waise sein!
Ich laß' in dieser Welt allein
Das Weib, das Kind, das, trauend meinem Muthe,
Sorglos und treu an meinem Herzen ruhte.

Ihr Engel in den Himmelshöhn,
Vernehmt mein Schluchzen und mein Flehn:
Beschützt, wenn ich im öden Grab,
Das Weib, das ich geliebet hab;
Seid Schild und Vögte eurem Ebenbilde,
Beschützt, beschirmt mein armes Kind, Mathilde.

Bei allen Thränen, die ihr je
Geweint um unser Menschenweh,
Beim Wort, das nur der Priester kennt
Und niemals ohne Schauder nennt,
Bei eurer eignen Schönheit, Huld und Milde
Beschwör ich Euch, ihr Engel, schützt Mathilde!«

Es gibt außer Mathilde keine zweite Frau, die in Heines Leben die gleiche Rolle spielt wie in Heines Werk, die so ungebrochen als sie selber erscheint in Heines Versen wie in Heines Prosa wie in Heines Alltag.

Aufs allerheftigste widersprochen werden muß Friedrich Hirth, der in der Einleitung zu seiner verdienstvollen Ausgabe von Heines Briefen behauptet: »Die Briefe Heines an Mathilde sind weder von einem tiefen, noch von einem reinen Gefühl eingegeben, das Herz hat sie niemals diktiert, sondern nur die süße Not der Sinne.«

Was immer »tiefe« und was immer »reine« Gefühle sein

mögen, Henri Heine hatte weder tiefere noch reinere als die für Mathilde. Es kann gewiß oft, es muß jedoch niemals »die süße Not der Sinne« zu solchen Gefühlen im Widerspruch stehen. Hirth, dessen Arbeit für die Heine-Forschung unentbehrlich ist, gehört zu den Leuten, um derentwillen ich alles, was mir an Heines Mädchen und Frauen aufgefallen ist, weiterverfolgt, mit der Überlieferung verglichen und hier festgehalten habe. Da reden sie von Werkimmanenz und Textkritik, von ästhetischer oder soziologischer Relevanz, und stützen sich heimlich oder doch unausgesprochen auf Vorurteile wie den notwendigen Widerspruch von süßen Sinnen und reinem Gefühl.

Man könnte einen großen Teil von dem, was Heine geschrieben hat, sehen als einen immerwährenden Versuch, diesen Widerspruch jenseits der Naivität aufzulösen. Das Schreiben allein genügt da wohl nicht. Im Leben ist es ihm kaum je gelungen: nur mit Mathilde, zuweilen.

Sicher ist, daß Heine zu Mathilde ein ganz normales, gewöhnliches, eher animalisches als hochgeistiges Liebesverhältnis unterhielt, wobei er an eine Ehe nicht dachte. Mathilde sah das ganz anders; sie nahm von Anfang an Kurs auf den Hafen, in dem sie nach sieben Jahren geduldigen Manövrierens ja schließlich auch landete.

Sie war wohl kaum eine reine Jungfrau, als Heine ihr nähertrat. Aber das Gegenteil, also dauernd wechselnde Liebschaften anzunehmen, wäre ebenso falsch.

Grisetten sind anders als ihr Ruf. Heine klärt einmal einen Besucher auf: »Haben Sie schon eine echte Pariser Grisette gesehen? Rund, drall, ewig heiter, liebenswürdig, treu und ehrlich? Sie müssen durchaus keinen deutschen

Begriff mit in das Bild mischen, sonst beschmutzen sie es; Mathilde ist nicht leidenschaftlich, aber auch nicht sentimental; sie ist durch und durch gut, keine Geliebte im lyrischen Sinne, aber eine Freundin, wie es eine Französin nur sein kann.«

Bis zu einer so gelassenen freundlichen Betrachtungsweise hat Heine freilich einige Jahre gebraucht. Zunächst hielten es die beiden nur genau ein halbes Jahr lang miteinander aus. Seit Ende 1834 lebten sie zusammen, und schon im Juni 1835 flüchtete Heine nach Jonchère auf das Schloß seiner Freundin Cristina di Belgiojoso. Als er dort nicht mehr bleiben wollte, hielt er sich wiederum nur zwei Wochen in Paris auf und verschwand dann bis zum Ende des Jahres in Boulogne-sur-Mer, wo er so gern Zuflucht suchte.

Mütter liebesgefährdeter Töchter sind davon überzeugt, daß oberflächliche Neigungen durch Distanz kuriert werden. Was heute gilt, galt 1835 erst recht. Es gab kein Telefon, die Entfernung zu überbrücken; die Post arbeitete noch unzuverlässiger als heute, und sie konnte im hier vorliegenden Falle ohnehin nicht helfen, da Mathilde des Lesens wie des Schreibens unkundig war.

Sollte es seine Richtigkeit haben mit dem alten Mütter-Test, dann wäre schon dadurch erwiesen, daß, sosehr es sich zunächst um eine rein körperliche Beziehung handelte, die Neigungen zwischen Mathilde und Henri nicht oberflächlich waren.

Im wunderschönen Monat Mai des folgenden Jahres, 1836, sind die Winterstürme verweht, und alles sieht schon viel heiterer aus. Das wichtigste Indiz dafür: diesmal nimmt Heine, als er wieder die Stadt verläßt, Mathilde mit.

Aber auch ein Brief wie der an August Lewald vom 3. Mai jenes Jahres klingt schon sehr anders als alles, was Heine vorher über Mathilde geschrieben hat.

»Meine Mathilde«, so heißt es da, »sitzt neben mir vor einem großen Kamin und arbeitet an meinen neuen Hemden; das Feuer übereilt sich nicht im Brennen, ist durchaus nicht leidenschaftlich gestimmt und verkündet seine Gegenwart nur durch einen gelinden Rauch. Ich habe die letzte Zeit in Paris sehr angenehm verlebt, und Mathilde erheitert mir das Leben durch beständige Unbeständigkeit der Laune; nur höchst selten noch denke ich daran, mich nebst sie zu vergiften oder zu asphixieren . . .«

Er nahm sie nun häufiger mit auf Reisen, und in Paris wohnte bald sie bei ihm, bald er bei ihr. Es war ein ziemlich unruhiges Leben, dem endlich ein Ende gesetzt wurde, als am 14. Juni 1841 der Frankfurter Kaufmann Salomon Strauß Heine in den Straßen von Paris zwar nicht ohrfeigte, wie er dann behauptet hat, aber doch erheblich anpöbelte.

Eine alte Rechnung wollte beglichen werden. Heine hatte in seinem ein Jahr vorher erschienenen Börne-Buch ein paar recht böse Bemerkungen über die Kaufmannsfrau und einstige Börne-Gefährtin Jeanette Wohl, verehelichte Strauß gemacht. Und da Herr Strauß nicht wie Heine schreiben konnte, wollte er sich mit Heine schlagen. Da Heine in der Sache kein gutes Gewissen hatte, mußte er, der Anti-Preuße, sich auf preußische Satisfaktion, also auf ein Pistolen-Duell, einlassen. Dergleichen ging normalerweise ziemlich harmlos aus. Es kam darauf an, eine gute Figur zu machen, keine Angst zu zeigen, und nicht etwa darauf, den anderen umzubringen oder gar sich selber umbringen zu lassen. Immerhin wurde Heine diesmal sogar von einem Schuß gestreift.

Vorher jedoch ließ er sich am 31. August 1841 in der Kirche von St. Sulpice mit Mathilde römisch-katholisch trauen. Der französische Journalist Léon Gozlan hatte Mathilde einmal den vielleicht wahren, aber doch nicht sehr zartfühlenden Spruch ins Poesie-Album geschrieben: *»Il n'y a qu'un seul moyen de se défaire d'une maîtresse. Il faut en faire sa femme.«*

Nun gab es zwischen Oktober 1834 und August 1841 gewiß Tage, an denen Heine seine zuweilen ziemlich anstrengende, auch kostspielige, gar nicht so selten ihm auf die Nerven gehende Geliebte ganz gern losgeworden wäre, am Anfang häufiger als später. Meist jedoch war er sich recht klar darüber, was sie ihm bedeutete.

Graf d'Alton-Shee, der Bruder von Caroline Jaubert, die mit Heine recht gut bekannt war, schrieb nach Heines Tod: »Er hat nur ein einziges Weib leidenschaftlich geliebt, eine junge Pariser Arbeiterin, er hat sie geheiratet und seine zärtlichen Neigungen auf sie beschränkt. Wer nicht Zeuge davon gewesen ist, kann sich die Innigkeit und Zärtlichkeit dieses Gemütes nicht denken.«

Auch der Graf ist nicht Zeuge gewesen. Und seine Schwester, auf die er sich hier verläßt, hatte eine durchaus eigenwillige Art, die Welt zu verstehen, wobei es ihr immer mehr darauf ankam, daß eins zum anderen paßte, als daß es just so wirklich gewesen war.

Und dennoch stimmt der Bericht. Erfüllte Liebe, harmonische Vereinigung der Körper und der Seelen (man scheut sich ein wenig, wo Mathilde im Spiel ist, vom Geist zu reden), ein Nehmen, das immer zugleich Geben, ein Geben, das immer zugleich Nehmen ist: das hat Heine nie so wie durch Mathilde Mirat (und Goethe nie so wie durch Christiane Vulpius) erfahren.

1841, nach sieben Jahren also, war er sich darüber völlig im klaren. Teils war das Duell ein Vorwand, teils machte er sich wirklich Sorgen, was nach seinem Tode aus Mathilde werden sollte. Denn er wußte inzwischen, daß er nicht sehr gesund war. Und seine finanzielle Lage war immer prekär.

Vor allem jedoch stand es nun fest, daß keine andere Frau ihm je mehr bedeuten würde als Mathilde. Es gab keinen Grund, ihr den so lange verweigerten Herzenswunsch, die Ehe, noch länger auszuschlagen.

Es hatte Mathilde zunächst nicht viel ausgemacht, mit dem Mann, den sie liebte, »in Sünde« zu leben. Das wurde ihr erleichtert dadurch, daß diese Art des Zusammenlebens in Paris ganz üblich war, vor allem in den Kreisen der Intellektuellen, in die sie sich hineingeliebt hatte. Solange Henri sie überallhin mitnahm und sie seinen Freunden und Bekannten als Madame Heine vorstellte – und das tat er –, blieb auch ihr Stolz unverletzt. Aber gebohrt hat sie natürlich immer wieder: Henri, warum heiraten wir eigentlich nicht? Bis eines Tages Heine sich selber fragen mußte: warum heiraten wir eigentlich nicht?

Um ihre gesellschaftliche Stellung brauchte Mathilde nicht besorgt zu sein. Um ihr Auskommen auch nicht –

diese Sorge lag ihr ganz besonders fern. Aber sie war auch neben Henri, dem Heiden-Juden protestantischen Bekenntnisses, eine gläubige Katholikin geblieben. Sie wollte Frieden machen mit ihrem Gott, dem sie in all den vielen Wohnungen, die sie mit Henri teilte, immer wieder Hausaltäre aufgestellt hatte.

Henri war dieser Friede nicht unwillkommen. Kämpfe kamen auf ihn zu, Krankheit kam auf ihn zu. Zum Teil wußte, zum Teil ahnte er das. Da war es gut, Ruhe an der Heimatfront zu haben. Das bezog sich zunächst viel mehr auf Mathilde als auf ihren Gott. Aber auch dem Gott widerfuhr zumindest freundliche Duldung. Als Heine sich katholisch trauen ließ, waren die Weichen schon gestellt für den Widerruf seines Atheismus. Dazu bedurfte es keiner Krankheit.

Nach der Hochzeit (1841) und vor dem endgültigen Ausbruch der Krankheit (1848) gab es nur noch ein für das Verhältnis zwischen Mathilde und Henri wirklich wichtiges Ereignis: Heines Versuch, Mathilde seiner Familie nahezubringen.

Im Juli 1844 fuhren sie zusammen von Paris nach Hamburg. Am 9. August, nach siebzehn Tagen, fuhr Mathilde allein wieder zurück. Henri folgte erst zwei Monate später. Der Versuch war gescheitert.

Die Welt der Hamburger Heines war die Welt der Arrivierten und Gescheiten. Mathildes Welt war die der Niedrigen und Törichten. Da gab es keine Verständigungsmöglichkeiten. Henri stand, hier wie eigentlich immer, zwischen den Welten. Er konnte sie nicht zusammenzwingen; eher zerrissen sie ihn.

Mutter Betty freilich und Schwester Charlotte waren Mathildes Erlebniswelt näher. Es gab da Verbindungswege auf der Ebene des rein Weiblichen. Aber doch auch noch ein bißchen mehr. Den Hamburger Handelsherrn und ihren Damen zum Beispiel erschien es als schwachsinnig-kindische Extravaganz, daß Mathilde auf die Reise von Paris nach Hamburg ihren Papagei mitgenommen hatte. Heines Mutter und Schwester verstanden das.

Ihnen gegenüber fühlte Heine sich noch auf dem Krankenbett verpflichtet, immer von neuem Rechenschaft abzulegen über sein Verhältnis zu Mathilde. Und wo er es hinbiegen konnte, fiel der Rechenschaftsbericht so günstig und erfreulich wie nur möglich aus.

Am 31. Oktober 1845: »Meine Frau befindet sich wohl . . . Wir leben still, einträchtig und gut, sind viel zu Haus und denken an Euch in langen Winterabendsgesprächen.«

Am 26. Dezember 1846: »Wir leben ruhig und in bester Eintracht. Sprechen beständig von Euch.«

Am 19. April 1847: »So eben kommt meine Frau zu mir (sie wohnt nemlich sechs Zimmer entfernt von meinem Arbeitszimmer) und ohne daß ich es ihr sage, merkt sie, daß ich Euch schreibe und läßt Euch mit vielen Küssen und Zärtlichkeiten grüßen. Auch diese Katze liebe ich mehr als sechs andere Katzen.«

Am 27. Juli 1847: »(Meine Frau) liebt Dich und Lottchen unaussprechlich, und wir sprechen beständig von Euch. Sie führt sich sehr gut auf bis auf die kleine Launenhaftigkeit und die große Verbrengerey. Immerhin, da ich keine Kinder habe, verbrengt sie im Grunde nur ihr eignes

Geld, da ich ihr weniger hinterlassen werde, als wenn sie sparsam wäre!«

Am 12. Juni 1848: »Liebes Lottchen! . . . Meine Frau führt sich gut auf, und wir wohnen sehr angenehm . . . Sterbe ich in diesem Zustand, so ist mein Ende doch noch besser, als das von 1000 Anderen . . . Der Mutter wollen wir nach wie vor meine Krankheit verheimlichen.«

Am 19. August 1849: »Meine Frau befindet sich gottlob wieder wohl und sucht mir meine traurige Existenz so viel als möglich zu erheitern. Sie ist ein gutes Kind, und wenn sie mir Kummer macht, so ist es nicht ihre Schuld, sondern die ihrer Krankheit . . . Du, liebe Mutter, warst immer eine brave gottesfürchtige Frau, von wahrhafter Frömmigkeit, und auch um Deinetwillen wird der liebe Gott uns immer beystehen.«

Am 18. Juni 1850: »Hier ist Alles still. Meine Frau befindet sich wohl, wird aber leider täglich korpulenter. Sie wiegt schon 180 Pfund. Sie läßt Euch Alle herzlich grüßen und hört nie auf von Euch zu sprechen.«

Am 5. Februar 1851: ». . . für die Verbrengerin kann ich ja doch nicht aussorgen. Sie ist zu liebenswürdig, und ihre Fehler entspringen zu sehr aus Herzensgüte, daß ich selbst bei den unsinnigsten Ausgaben und sonstigen Tollheiten ihr nicht grollen kann. Hätte doch das Leben ohne sie für mich gar kein Interesse; sie hilft mir diese schmerzliche Bürde zu ertragen, die ich gewiß abwürfe, wenn ich allein wäre.«

Am 5. Dezember 1851: »Meine Verbrengerin hat sich eine grünseidene Robe angeschafft, welche ich die Vitzliputzli-Robe nenne; ich habe ihr nämlich berechnet, daß die Robe so viel kostet wie das Honorar beträgt für das Gedicht Vitzliputzli . . . Wir leben in der größten Harmonie, im schönsten, kostspieligsten Frieden.«

Am 12. April 1852: »Wir leben sehr einig, und sie bietet alle ihre Liebenswürdigkeit auf, um mich meinen kränklichen Zustand vergessen zu machen. Gepflegt werde ich ganz außerordentlich, aber sie ist doch mein einziger Verdruß – um einen alten Ausdruck zu gebrauchen. Sie läßt Euch alle herzlich grüßen.«

Der »einzige Verdruß« bedeutet übrigens nicht etwa, Mathilde sei das einzige, was Heine verdrieße, sondern vielmehr: die einzige, wenn auch oft mit Verdruß erkaufte Freude.

Am 2. August 1852: »Max wird Euch erzählen, wie viel Noth und Mühe es kostet, sich in Paris, wenn man kränkelt, bequem einzurichten, wie die Verbrengerin für meine Pflege sorgt und mir nichts fehlt oder abgeht, was durch Geld zu haben ist. Es wird nichts gespart, im Gegentheil, aber die Hauptsache, Ruhe, ist hier sehr schwer zu erschwingen.«

Am 7. Mai 1853: »Wir befinden uns in diesem Augenblick in einer so zärtlichen Harmonie, daß uns die Engel beneiden könnten, und dieses seelengute Geschöpf, in dessen Herzen kein Tropfen Falsch ist, und das die Schlechtigkeit der Welt nicht einmal begreift, versüßt mir wahrlich meine Leiden.«

Eine Familien-Idylle: der Sohn, der der alten Mutter nur Erfreuliches berichten will, der darum ringt, daß Mathilde in die Familie einbezogen wird. Er spricht so oft von

»meine Frau«, daß Mathilde, deren Deutschkenntnisse trotz redlichem Bemühen nie weit über »Nehmen Sie bitte Platz« hinausgelangt sind, von sich selber schon als von »meine Frau« spricht, also ihn etwa morgens begrüßt mit den Worten: »Meine Frau *est très contente aujourd'hui.*«

Die Briefpassagen vermitteln in ihrer Folge ein recht anschauliches Bild von Mathilde und Henri, auf dem die düsteren und die Grautöne freilich ausgespart sind.

Zu Szenen kam es immer wieder, weil beide rasend eifersüchtig waren. Beide übrigens ziemlich grundlos. Es war daher nie sehr schwer, sich wieder zu versöhnen.

Eine schwerere Belastung für den Haushalt war Mathildes Unfähigkeit, mit Geld umzugehen. Wenn Henri sie nicht »meine Frau« nannte, dann nannte er sie »meine Verbrengerin«, und das heißt: meine Verschwenderin.

Mathilde war lange genug arm gewesen. Gemessen an ihren Vorstellungen war Henri reich. Und sie lebte nicht in Sünde mit einem reichen Mann, sie hatte später nicht sieben Jahre lang geduldig auf die Ehe gewartet, um weiterhin so kurz gehalten zu werden wie einst auf dem Dorf, so sparsam wirtschaften zu müssen wie in ihrer Verkäuferinnen-Zeit.

Wenn Mathilde Geld in die Finger bekam, dann gab sie es aus, am liebsten für Schmuck und Kleider. Und der »reiche Mann« mußte dann wieder Brandbriefe an Campe schreiben oder an Vetter Carl.

Mathilde war sorglos. Das Morgen interessierte sie wenig und das Übermorgen schon beinahe überhaupt nicht mehr. Wenn Henri mit ihr darüber sprach, wie sie denn nach seinem Tode zurechtkommen werde, er sprach oft darüber, dann ging ihr das auf die Nerven. Sollte er das doch ihre Sorge sein lassen.

In der Tat ist sie dann auch sehr gut zurechtgekommen. Henris Sorgen begleiteten sie noch über sein Begräbnis hinaus:

»Keine Messe wird man singen,
Keinen Kadosch wird man sagen,
Nichts gesagt und nichts gesungen
Wird an meinen Sterbetagen.

Doch vielleicht an solchem Tage,
Wenn das Wetter schön und milde,
Geht spazieren auf Montmartre
Mit Paulinen Frau Mathilde.

Mit dem Kranz von Immortellen
Kommt sie, mir das Grab zu schmücken,
Und sie seufzet: Pauvre homme!
Feuchte Wehmut in den Blicken.

Leider wohn' ich viel zu hoch,
Und ich habe meiner Süßen
Keinen Stuhl hier anzubieten,
Ach, sie schwankt mit müden Füßen.

Süßes, dickes Kind, du darfst
Nicht zu Fuß nach Hause gehen;
An dem Barriere-Gitter
Siehst du die Fiaker stehen.«

Mathilde fuhr gern Fiaker. Auch das war zu Lebzeiten zuweilen ärgerlich für den Schreiber: Da fährt wieder das Honorar für ein ganzes Gedicht dahin.

Karl Marx soll die Friedhofs-Szene weniger idyllisch gesehen und ganz andere Heine-Verse als eine treffende Anspielung auf Heines Tod gelesen haben – den Schluß der ersten Romanze in den »Neuen Gedichten«:

»Um sechs des Morgens ward er gehenkt,
Um sieben ward er ins Grab gesenkt;
Sie aber schon um achte
Trank roten Wein und lachte.«

Franziska Kugelmann, die das in ihren Erinnerungen an Karl Marx erzählt, ist eine gute, zumindest eine durch persönliche Interessen nicht voreingenommene Zeugin. Und Marx sah, so meine ich, das Verhältnis Heinrich Heines zu den Mädchen und Frauen im allgemeinen ziemlich richtig. Mathilde gegenüber freilich war er von dünkelhaftem intellektuellen Hochmut. Seine Liebe zu den Arbeiterkindern wäre wohl nie so weit gegangen, daß er selber ein Arbeitermädchen geheiratet hätte, und dazu ein so gänzlich ungebildetes und sicher auch nicht sehr intelligentes wie Mathilde. Er wußte zwischen Denken und Leben zu trennen. Heine konnte, wollte das nie.

Von schwermütigen, tränenvollen Friedhofsbesuchen Mathildes ist so wenig bekannt wie von wilden Orgien. Das eine ist auch ebenso unwahrscheinlich wie das andere. Es war nicht ihre Art. Sie war weder sentimental noch sinnlich. Sie lebte nach dem Motto *»il faut se débrouiller«*, man muß sehen, wie man zurechtkommt. Nach Heines Tod freute sie sich an ihrem Garten mit den Pflaumenbäumen und dem selbstgezogenen Salat.

Solange Henri in ihren Armen das Glück des großen Liebenden suchte, erfüllte sie seine Erwartungen. Später hatten es dann beide lieber etwas ruhiger.

Mathilde sei »im Grunde kalt« gewesen, schreibt Alexandre Weill, der sie besser kannte, als es Henri oft lieb war. Da können Weills eigene trübe Erfahrungen mitspielen. Oder sie kann ihm das erzählt haben, um ihr Verhältnis zu Heine zu entromantisieren. Es gibt keinen Mangel an Motiven, die unterstellt werden könnten für diese Behauptung Weills. Aber ich glaube: sie stimmt. Sie stimmt als notwendige Korrektur jener männlichen Vorstellung, wonach jede zweite Frau oder doch jede dritte lebenssüchtig und liebestoll ist – wobei die Sucht und die Tollheit sich zu erfüllen hätten in den Armen des dies jeweils denkenden Mannes.

So ist es nicht. So war es auch in Vor-*Women's-Lib*-Zeiten nicht. So war Mathilde jedenfalls nicht.

Sie war Heine eine gute und, solange er lebte, auch recht treue Frau. Sie ertrug mit heiterer Geduld eine Krankheit, die auch den Gesunden, der das alles sieben Jahre lang alltäglich und allnächtlich miterlebt, zur Erschöpfung treiben kann. Sie ertrug am Ende sogar diese offenbar halb verrückte Lehrerin, nach der Henri häufiger verlangte als nach ihr. Zwar fand sie das Liebesgeflüster ihres todkranken Ehemannes wohl ziemlich überflüssig, um es gelinde auszudrücken; aber sie machte von ihrem Hausrecht, die Mouche das Fliegen zu lehren, keinen Gebrauch.

10 *Die letzte Liebe: Elise Krinitz, genannt La Mouche*

10 La Mouche = Camille Selden = Elise Krinitz

Der Ring schließt sich

Die Geschichte von den Mädchen und Frauen, die Heinrich Heine gekannt und vielleicht auch geliebt hat, beginnt im Mysteriösen und endet im Mysteriösen. Von Josepha, der Henkerstochter in Düsseldorf, wissen wir nicht einmal, ob sie wirklich gelebt hat. Daß sie wirklich gelebt hat, ist beinahe das einzige, was wir genau wissen von Elise Krinitz, der unerwarteten Besucherin am Bett des Todkranken.

Das rote Sefchen kam für Heine zu früh, die Mouche kam zu spät. Beide schweben, nicht ganz irdisch, durch die Heine-Biographien als Lichtgestalten, Feen gleich, verklärt durch Heines Erinnerung die eine, die andere durch Heines Sterben.

Was Mathilde ziemlich widerwärtig finden mußte, das Turteln mit der jungen Frau von siebenundzwanzig Jahren, die das letzte Liebeswerben eines Sterbenden gierig einsog, erschien anderen, vor allem nach Heines Tod, zutiefst rührend.

Und wer bereit ist, sich ergreifen zu lassen, wird ergriffen – aber nicht von der Person der Mouche, die beinahe austauschbar ist, sondern von der Situation und von dem Ausdruck, den der seit sieben Jahren Gelähmte, von Krämpfen Gequälte ihr gegeben hat:

»Frag, was er strahlet, den Karfunkelstein,
Frag, was sie duften, Nachtviol' und Rosen –
Doch frage nie, wovon im Mondenschein
Die Marterblume und ihr Toter kosen.«

Auch wer zum Fragen bestellt ist, wäre bereit, diesen Wunsch zu respektieren. Aber am lautesten wurde das diskrete Schweigen gebrochen von der »Marterblume«. Achtundzwanzig Jahre nach Heines Tod schrieb sie ein Buch, das gleichzeitig auf französisch und deutsch erschien – Camille Selden, *»Les derniers jours de Henri Heine«*, »Heinrich Heine's letzte Tage«.

Aus diesem Buch ein paar Proben, um der allgemeineren Verständlichkeit willen nach der deutschen Fassung zitiert, obwohl die französische besser ist. Ich wähle solche Stellen aus, die ein Licht vor allem auch auf die Verfasserin werfen, um die es hier ja geht:

»Was Biographen über das Verhältnis der beiden Gatten und den Mann zu faseln belieben, der zu verliebt war, um nicht verschwenderisch zu sein, kann keinen Augenzeugen täuschen. Zu einer Idylle machen zu wollen, was der Dichter selbst nie für eine solche auszugeben gedachte, hieße Poesie auf Kosten der Wahrheit schaffen . . .

Sollte ich Heines Mitarbeiterin werden? Er schien prüfen zu wollen, ob meine Kräfte einer großen Aufgabe gewachsen seien . . .

. . . die, welche sonst im Hause vorsprachen, hatten

fast sämtlich an den Klippen der Politik und der Liebe Schiffbruch gelitten und gehörten jener Sphäre an, die Heine als fürstliche Halbwelt bezeichnete. Da war die Prinzessin Belgiojoso . . .

Meine etwas kosmopolitische Erziehung und lange Reisen hatten mich auf einen solchen Verkehr vorbereitet; dann aber wurzelte ja tief in meinem Herzen die vollste Bewunderung für den Schöpfer des ›Buches der Lieder‹, dessen Gedichte mir meine Mutter in kleinen Prachtausgaben geschenkt hatte, und die das Lebenselement meiner Jugend gewesen waren . . . Heine erkannte diese Berührungspunkte und freute sich über die Selbständigkeit eines Geistes, der nicht auf dem Pfade der Allerweltsweisheit wandelte. Der Abscheu vor dem Schlendrian, dem Häßlichen, Gemeinen, der Haß gegen alles Erkünstelte, die Verachtung hochtrabender Wortklingeleien und eitler Gefühlsschwärmerei, vor allem aber die ganze und volle, die begeisterte Hingabe an den Kultus des Schönen – das wurde zum geistigen Bande zwischen uns. ›Unsere Geister‹, sagte Heine zu mir, ›sind nahe verwandt, und daher habe ich nichts vor dir zu verbergen . . .‹

Von dem sogenannten philosophischen Roman hielt er nicht sonderlich viel, und ohne George Sands großes Talent zu verkennen, stimmte er doch nicht in die Hymnen ein, die zu ihrem Lobe ertönten und ihren Geist und Stil als männlich rühmten. Für ihn hatte gerade ihre ganze Denk- und Schreibweise einen ausgeprägten weiblichen Charakter, und er behauptete, daß das philosophische Element, welches der Urenkelin der Aurora von Königsmarck als deutsches Erbteil im Blute stecken mochte, ihre

Urteilskraft nicht von den Schlacken weiblicher Verschrobenheit hatte reinigen können, und daß an ihrem überreichen Wortschwalle, ihren hochtrabenden Reden, einförmigen Thesen, lebensunfähigen Gestalten sofort ihr Geschlecht zu erkennen sei ...

An jenem 17. Februar (1856), einem Sonntage, hatte ich beim Erwachen eine seltsame Vision. Gegen 8 Uhr morgens vernahm ich in meinem Zimmer ein eigentümliches Geräusch, eine Art von Hüpfen und Flattern ... Ich öffnete die Augen, schloß sie aber bald wieder; in den Strahlen der Morgensonne hatte ich eine schwarze Gestalt erblickt, die einem riesengroßen Insekte glich und sich bemühte, ins Freie zu gelangen ... Obgleich es kalt war, und ich mich noch nicht völlig wiederhergestellt fühlte, klopfte ich doch um 10 Uhr morgens bei meinem geliebten Dichter an. Als ich hörte, daß er nicht mehr sei, stand ich einen Augenblick starr, betäubt, wie völlig des Verständnisses beraubt; dann verlangte ich, ihn zu sehen ... Dumpfe Betäubung verwirrte meine Sinne, und während der folgenden Tage hatte ich nur ein klares Gefühl, das einer vollkommenen Öde, die erst mit meinem Leben enden sollte ...«

Also ganz so war das wohl alles nicht. Klar genug wird, daß die Mouche Mathildes Abneigung aufs innigste erwiderte, und daher können diese Erinnerungen auch als späte Rache an Mathilde verstanden werden.

Das war zunächst sicher nicht die Absicht von Elise – wie wir sie wohl nennen müssen, obwohl damals offenbar kaum jemand sie so nannte. Sie hatte nur die natürliche und weitverbreitete Neigung, über Konkurrentinnen nicht unnötig Gutes zu berichten. Auch die Unterstellung, Elise hätte sich selber, vielleicht als Schriftstellerin, durch ihre Besuche bei einer sterbenden Berühmtheit interessant machen wollen, geht zu weit. Dann hätte sie schließlich nicht achtundzwanzig Jahre mit der Veröffentlichung ihres Heine-Buches gewartet.

Andererseits war sie weder die reine Unschuld, als die sie gern dargestellt wird von Heine-Interpreten, die sich vor allem an den Gedichten orientieren, noch war sie jene geistige Partnerin des Dichters, als die sie sich selber darstellt.

Zwei Wochen schon nach Heines Tod bemühte sie sich, die »vollkommene Öde« wieder ein bißchen zu füllen. Am 2. März 1856 schrieb sie ihrem alten Freund Alfred Meißner: Ich weiß ja nicht, »ob Dir noch etwas daran liegt, etwas über die zu hören, welche Du eine kurze Zeit Deine Margot nanntest«. Und: »Warum solltest Du mir Deine Freundschaft jetzt verweigern?« Und: »Solltest Du nach Paris kommen, so besuche mich.« Meißner kam nach Paris und besuchte sie.

Im gleichen Brief stellt sie auch Heines Verhältnis zu ihr richtiger dar als in den Erinnerungen. ». . . er spielte mit mir wie mit einer Puppe.«

»Puppe«? Ganz richtig ist das wohl auch noch nicht. Die Mouche war ihm willkommener Ersatz für das, was das Leben ihm vorenthalten hatte: die Liebe (wie er sich einreden durfte) einer geheimnisvollen jungen Frau. Denn »geheimnisvoll« war Mathilde gewiß nie gewesen, und im Laufe der Jahre konnte sie schwerlich geheimnisvoller werden.

Elise Krinitz war Heine nicht annähernd in gleichem Maße gewachsen wie Rahel Varnhagen, Cristina di Belgiojoso oder George Sand. Auch dem durch Leiden und Opium Reduzierten war sie intellektuell keine ebenbürtige Partnerin. Aber sie war auch kein Mädchen vom Dorfe, sondern eine Frau, die immerhin Deutsch, Englisch und Französisch sprach und die schon mehr erlebt hatte, als bisher ganz aufgeklärt werden konnte.

Das intellektuelle Niveau, auf dem ihre Begegnung mit Heine stattfand, ist am ehesten abzulesen an den Briefchen, die er ihr schickte. Einige sind erhalten geblieben.

Am 20. Juni 1855: »Sehr liebenswürdige und charmante Person! Ich bedaure sehr, daß ich Sie letzthin nur wenige Augenblicke sehen konnte. Sie haben einen äußerst vorteilhaften Eindruck hinterlassen und ich sehne mich nach dem Vergnügen, Sie recht bald wiederzusehen ... Den ganzen Tag bin ich zu jeder Stunde bereit, Sie zu empfangen. Die liebste Zeit wäre mir von 4 Uhr bis so spät Sie wollen ... Ich weiß nicht, warum Ihre liebreiche Theilnahme mir so wohl thut, und ich abergläubischer Mensch mir einbilden will, eine gute Fee besuche mich in trüber Stunde ...«

Am 20. Juli 1855: »Allersüßeste fine mouche! Oder soll ich Sie, statt nach dem Emblême Ihres Petschafts, nach dem Dufte Ihres Briefes titulieren? In diesem Falle müßte ich Sie holdseligste Bisamkatze nennen ... die pattes de mouche krabbeln mir beständig im Kopfe herum und vielleicht sogar im Gemüthe ... Auch ich freue mich, Sie bald wieder zu sehen et de poser une empreinte vivante sur les traits suaves et quelque peu souabes – ach! wäre ich noch ein Mann, diese Phrase bekäme eine minder platonische Tournüre. Aber ich bin nur noch ein Geist, was vielleicht Ihnen, aber nicht mir sonderlich zusagt . . . Ein Todter, lechzend nach den lebendigsten Lebensgenüssen! Das ist schrecklich . . .«

Anfang September 1855: »Ich will die hübschen Couverte gleich benutzen, um die liebe Pfote zu küssen, die so graziös dieselben beaufschriftet hat . . . Küsse und grüße, lache vor Schmerz, knirsche und bin toll . . .«

Am 30. September 1855: »Holdes Herz! Das Wetter ist schlecht und ich bin eben so schlecht, und ich will heute meine Lotosblume keiner solchen spleentrübigen Witterung aussetzen. Ach Gott! Ich gäbe Ihnen so gern einen sonnigen heiteren indischen Tag, wie man ihn am Ganges findet und wie er für Lotosblumen paßt! Komme Du bald – aber wie gesagt, nicht heute – ich erwarte Sie Mittwoch Nachmittag . . .«

Am 2. Oktober (?) 1855: »Liebste und süßeste Katze! Morgen (Mittwoch) will ich Sie nicht sehen . . . Von Freitag an sind mir alle Tage gleich passend . . . Meine gute, holdseligste fine mouche! Flattern Sie mir ein bißchen um die Nase herum mit Ihren kleinen Fittichen . . . Ich küsse die beiden lieben Pfoten . . .«

Am 8. Oktober 1855: »Liebste holde Freundin! . . . Ich bin leider immer sehr krank . . . Ungern lasse ich mich in solchem miserablen Zustande sehen – aber die liebe Mouche muß ich dennoch sumsen hören . . . Komme mein theures liebes Schwabengesicht . . . – Der Verrückte an eine Verrückte! . . .«

Am 10. November 1855: »Süßeste Person! . . . Ich

sehne mich sehr nach Dir, letzte Blume meines larmoyanten Herbstes, holdseligste Närrin! – Ich verharre zärtlich toll, Dein ergebenster H. H. . . .«

Am 1. Januar 1856: »Liebstes Kind! . . . Du bist meine liebe Mouche und ich fühle minder meine Schmerzen, wenn ich an Deine Zierlichkeit, an die Anmuth Deines Geistes denke. Leider kann ich nichts für Dich thun, als Dir solche Worte, ›Gemünzte Luft‹ sagen . . . Nebukatnetzar II, ehemalig königl. Preuß. Atheist, jetzt aber Lotosblumen-Anbeter.«

Am 15. Januar (?) 1856: »Die Visite meiner süßen Mouche hat mir gestern wohlgethan . . . Ich denke beständig an die vortrefflichste, charmanteste und zierlichste fine mouche! Aber erst übermorgen sehe ich sie wieder – welche Ewigkeit! Ich konnte unterdessen 100mal sterben und zwar mit der größten Bequemlichkeit. Denk ein bissel an mich, dumme Gansel. Dein unterthänigster Hansel.«

Am 22. Januar (?) 1856: »Liebste Heloise! . . . My brain is full of madness and my heart is full of sorrow! Nie war ein Poet elender in der Fülle des Glücks, das meiner zu spotten scheint! Je pose une empreinte vivante auf all Deine Herrlichkeiten – aber nur in Gedanken – das ist alles, was Du von mir haben kannst, poor girl! . . .«

Am 23. Januar (?) 1856: »Liebste Mouche! . . . Du bist nicht so dumm, wie Du aussiehst; zierlich bist Du über alle Maßen, und daran erfreut sich mein Sinn . . . Mein Herz gähnt spasmatisch. Diese baillements sind unerträglich. Ich wollte, ich wäre todt oder ein gesunder Mops, der keine Lâvements mehr nöthig hat . . .«

Am 24. Januar 1856: »Liebste Mouche! . . . Ich rechne

darauf, daß ich Dich morgen sumsen höre. Dabey bin ich sentimental wie ein Mops, der zum erstenmale liebt . . . Aber Du verstehst mich nicht, Du bist eine Gans. Dein Gänserich I, König der Vandalen.«

Mit Gans und Gänserich brechen die Briefe ab. (Folgt nur noch ein Satz mit der Bitte, ihn nicht zu besuchen.) Es gibt Leute, die diese Briefe ziemlich läppisch, und andere, die sie zutiefst ergreifend finden. Das ist wohl eine Frage des Geschmacks, wobei die Heines Zeit gemäße, nicht zu Unterkühlung neigende Ausdrucksweise zu berücksichtigen wäre – also auch eine Frage des Einfühlungsvermögens. Nur: für geistige Partnerschaft sprechen diese Briefe nicht.

Freilich glaubte Heine, Elise ganz mit seinen Gedanken erfüllt zu haben – wenn man das schwächste der fünf Mouche-Gedichte beim Wort nehmen darf; und die Mouche-Gedichte haben, so sehr diese Feststellung beide Frauen grämen würde, mit den Mathilde-Gedichten gemeinsam, daß sie viel mehr als bei Heine sonst üblich aus Erlebtem schöpfen, viel weniger also aus der reinen Phantasie:

»Dich fesselt mein Gedankenbann,
Und was ich dachte, was ich sann,
Das mußt Du denken, mußt Du sinnen –
Du kannst nicht meinem Geist entrinnen.

Denn überall, wohin Du reist,
Sitzt ja im Herzen Dir mein Geist,
Und denken muß Du, was ich sann –
Dich fesselt mein Gedankenbann!«

Leichter als in ihrer intellektuellen lassen sich in Elises körperlich-seelischer Natur Berührungspunkte mit Heine erkennen. Mit jenem Heine zumindest, wie er in der Legende lebte, mit dem Liebesfreudensucher und Lebenslüstling durfte sie sich verwandt fühlen. Auch das mag einen Anstoß gegeben haben zu dem Brief, in dem sie im Juni 1855 darum bat, den Kranken besuchen zu dürfen.

In ihren Erinnerungen schrieb sie später etwas von einem österreichischen Komponisten, der sie gebeten habe, Heine Noten zu überbringen. In den Briefen ist von österreichischen Komponisten oder von irgendwelchen Noten nie die Rede. Und ihrem Freund Meißner sagte sie ausweichend: Es »führte mich ein Ungefähr zu ihm«.

Elise Krinitz, von Heine und den Heine-Forschern Mouche genannt, gab sich selber viele Namen: Fräulein van Belgern, Margot, Elise dek., Sarah Dennigson, Camille Selden. Ihre Herkunft vernebelte sie ähnlich wie Heine seine Geburt.

Sie stammte aus Prag, sagen die einen, aus Sachsen, die anderen. Beides kann richtig sein. Der Name Krinitz klingt eher sächsisch (sorbisch-wendisch) als tschechisch. Aber es führten damals viele Wege von Böhmen nach Sachsen, oder umgekehrt.

Alles, was wir über sie wissen, verdanken wir im wesentlichen den Erinnerungen, die sie als Sechsundfünfzigjährige aufzeichnete, um ihr Leben zu rechtfertigen und ihre Ansprüche auf literarische Bedeutung anzumelden; und wir verdanken es zwei Männern, die sie wahrscheinlich sehr viel intimer gekannt hat, als sie Heinrich Heine kennenlernen konnte: dem Prager Schriftsteller Alfred

Meißner, auch er ein Besucher und Bewunderer Heinrich Heines, sowie dem Herausgeber ihrer Memoiren, Dr. Eugen Sierke.

In diesen Memoiren bekennt sie sich zur Lektüre der damals als Aufklärungsliteratur sehr beliebten Autobiographie des Barons von Gramont, wie sich heute eine nicht mehr ganz junge Dame vielleicht zur Lektüre von Reich, Kinsey oder Masters-Johnson bekennen würde: »Ich glaube nicht, daß es für ein Kind von gewecktem Geiste . . . ein Buch gibt, welches eine gefährlichere Lektüre bildet, als die Memoiren des Barons von Gramont. Das Bild dieses Höflings . . . dem Gesittung und Ehre wenig galten, die Schilderung der Sitten eines liederlichen Hofes, für die der Erzähler in seiner spöttelnden Laune niemals ein Wort der Entrüstung hat, verfolgten mich Tag und Nacht und zeigten mir das Vergnügen als den Hauptzweck des Lebens, und daß dasjenige, was man im allgemeinen unter dem Begriff der Tugend versteht, ein nur auf einfältige Menschen berechneter Schwindel sei.«

Als eine rechte Frau Machiavelli der Moral habe sie zu leben begonnen – schreibt die Sechsundfünfzigjährige, die es inzwischen immerhin zur Deutschlehrerin am Mädchengymnasium von Rouen gebracht hat.

Und so schildert sie ihr Bewunderer Sierke: »Die Mouche ist jetzt eine ernste, sinnende Frau – in einem Alter, in welchem man nicht mehr zu erröten braucht, wenn man den Schleier von den Erinnerungen hinwegzieht, die einst das süße Geheimnis und das Glück des Herzens bargen. Aber trotz der Jahre, welche seit jenem letzten Tage ins Meer der Vergangenheit geflosssen sind, hat diese lange

Zeit nicht die Spuren ihrer Lieblichkeit und jenes Zaubers zu vertilgen vermocht, der einst zwei so bedeutende Dichter in heißer Liebe ihr verband.«

Der andere Dichter war also Alfred Meißner. Die Mouche lernte ihn 1847 auf einer Eisenbahnfahrt von Paris nach Le Havre kennen. In Paris suchte sie ihn dann in seiner Studentenbude auf, wobei es kaum ohne Folgen geblieben sein dürfte, daß sie den Begriff der Tugend für eine »nur auf einfältige Menschen berechnete Schwindelei« hielt.

Danach kam ihr Meißner abhanden. Das heißt – so erzählt er es –, ein Jahr später traf er sie in London, stürzte mit dem freudigen Wiedererkennungsruf »Margot« auf sie zu, aber handelte sich eine peinliche Abfuhr ein: Was wollen Sie? Ich kenne Sie nicht.

Wie Margot alias Elise alias Sarah nach London gekommen ist, weiß nur das Gerücht. Und wie überall, wo es um Gerüchte geht, dürfen wir uns auf Heines geschwätzige Nichte Maria della Rocca verlassen: Der nächste Lover nach Alfred sei ein Übler gewesen, der sie zwar geheiratet, aber dann, um sie wieder loszuwerden, nach London in eine Irrenanstalt abgeschoben habe. Nur dem Berufsethos eines gewissenhaften englischen Arztes sei es zu danken, daß sie dort wieder herausgekommen ist.

Sei dem, wie immer es sei. Die Moral des Genusses, freies Leben und freie Liebe, hatte ihr Opfer gefordert. Sie reicht ja wohl überhaupt nicht ganz aus; für Frauen und Mädchen, die den Schaden zu tragen haben, noch weniger als für Männer, die meistens und höchst ungerechterweise glimpflicher davonkommen.

Als Elise-Margot-Sarah endlich wieder auftauchte aus dem Irrenhaus oder aus anderen Verirrungen: was führte sie da zu Heinrich Heine? Welches Motiv ist denkbar, das offenbar getarnt werden mußte durch die (nach allem, was wir wissen) frei erfundene Geschichte von dem österreichischen Komponisten und seinen Noten?

Bis ich von einer plausibleren Lösung überzeugt werde, möchte ich bei dieser bleiben: Die Mouche kam zu Heine, weil sie dort zu erfahren hoffte, wo ihr alter Freund Alfred Meißner zu finden sei. Denn natürlich hatte er ihr von Heine erzählt und davon, daß er diesen berühmten Mann, von dessen Gedichten auch die junge Leserin Elise sich angezogen gefühlt hatte, persönlich kenne. Gerade in jenen Pariser Tagen der Jahre 1847 bis 1849, deren Nächte er zuweilen mit Margot-Elise verbrachte, hatte Meißner Heine kennengelernt. Wohin sonst hätte Margot sich wenden sollen, wenn sie Alfred wiederfinden wollte? Daß sie ihn wiederfinden wollte, scheint mir dadurch erwiesen, daß sie ihn schon so bald nach Heines Tod auch wiederfand.

Inzwischen freilich war sie die Mouche geworden, Heldin einer wahrhaft rührenden und doch auch etwas peinlichen Liebeslegende im Leben eines sterbenden Dichters. Solcher Ruhm verpflichtet. Ungern rüttelt man daran.

Aber es soll gar nicht gerüttelt werden daran, daß die ersehnte Gegenwart einer sehr lebendigen jungen Frau dem halbtoten Dichter noch einmal so etwas bescherte wie den größten Trost für alle Sterblichen, die Illusion des Glücks.

In der Desillusionierung lag Heines Wahrhaftigkeit. Sie findet ihren vollkommensten Ausdruck im zynischsten und zugleich innigsten der Mouche-Gedichte:

»Worte! Worte! Keine Thaten!
Niemals Fleisch, geliebte Puppe!
Immer Geist und keinen Braten,
Keine Knödel in der Suppe!

Doch vielleicht ist dir zuträglich
Nicht die wilde Lendenkraft,
Welche galoppieret täglich
Auf dem Roß der Leidenschaft.

Ja, ich fürchte fast, es riebe,
Zartes Kind, dich endlich auf
Jene wilde Jagd der Liebe,
Amors Steeple-chase-Wettlauf.

Viel gesünder, glaub' ich schier,
Ist für Dich ein kranker Mann
Als Liebhaber, der gleich mir
Kaum ein Glied bewegen kann.

Deshalb unsrem Herzensbund,
Liebste, widme deine Triebe;
Solches ist dir sehr gesund,
Eine Art Gesundheitsliebe.«

11 Heinrich Heine als Fünfundfünfzigjähriger

11 Harry, Henry, Heinrich Henri Heine

Liebe und Literatur

Wer auf den Spuren des *New Criticism* und der Hermeneutik wandelt, der könnte zunächst meinen, wie es Heine mit der Erotik gehalten habe, gehe niemanden etwas an außer ihn selber und die betroffenen Frauen. Aber wenn anspruchsvolle Heine-Interpreten ein Gerücht der Berliner und Pariser Boudoirs übernehmen und in Heines Verhältnis zu Frauen gar Zeugnisse für eine »Abschaffung der Sünde« zu finden meinen, dann ist das wohl einer Untersuchung wert.

Heines angebliche amouröse Abenteuer waren ein dankbares Thema des Literaturklatsches seit den zwanziger Jahren des vergangenen Jahrhunderts. Heines wirkliches Verhältnis zu Frauen ist eine wichtige Komponente dieser schillernden Persönlichkeit und ihres Werkes. Es schien mir daher nicht verlorne Liebesmüh, einmal – und meines Wissens zum erstenmal – alle Frauen vorzustellen, zu denen Heine ein engeres Verhältnis hatte. Inwieweit eine solche Aufstellung Ähnlichkeiten mit einer »Leporello-Liste« hat (auch diesen Vergleich gibt es in der Heine-

Literatur), inwieweit also Heine als »ein echter Don Juan« gesehen werden kann (so seine Nichte Maria Embden), wird der Leser danach am besten selber beurteilen können.

An Zeugnissen und Dokumenten für seine »Ausschweifungen« fehlt es wahrhaftig nicht. Die meisten davon habe ich dort, wo sie im biographischen Zusammenhang hingehören, schon genannt und zitiert. Erinnern wir uns:

Es gibt Hamburger Gerüchte, Heine habe in Hamburg, in Ahrens' Salon vor allem, »gehurt«, und Bruder Maximilian hat später davon gesprochen, das sei eine Neigung der ganzen Familie Heine gewesen. Mindestens eine Freundin aus der Hamburger Halbwelt, deren er sich später in Paris erinnerte und der er im »Wintermärchen« huldigte, die »lange Mahle«, ist fast identifizierbar.

Solche Aktivitäten hat es offenbar nicht erst in den späteren Hamburger Jahren gegeben (nach 1825), sondern schon vor der Berliner Zeit (1821); denn nach August Lewald soll Heine gesagt haben: »Man nennt mich in Berlin den Salondemagogen . . . ohne jedoch zu wissen, wie richtig man mich damit bezeichnet. Ahrens' Salon vereinigt die anständigste Gesellschaft.«

Friedrich Wilhelm Gubitz (1786–1870) stellte an Heine 1821 »Spuren zu frühzeitiger Genüsse« fest.

Maria Embden-Heine weiß, 1881: »Das brillante Leben in der Hauptstadt, die fortwährenden Vergnügungen und Festlichkeiten, selbst die Ausschweifungen, boten dem Dichter hinlängliche Abwechslung . . .«

Dann, wieder in Göttingen, tritt im Februar 1824 die berüchtigte Köchin des Hofrats Bauer auf und der erste Verdacht auf jene Krankheit, die Heine selber später mindestens zweimal andeutungsweise mit seinem Liebesleben in Verbindung gebracht hat.

In der »Berichtigung« vom 15. April 1849 heißt es: »Ich lasse dahingestellt sein, ob ... meine Krankheit ... eine Familienkrankheit ... oder eine jener Privatkrankheiten ist, worunter der Deutsche, der im Ausland privatisiert, zu leiden pflegt ...«.

Und in einem Brief an Louis-Désiré Véron schreibt Heine fünf Monate später: »*... que les Dieux immortels vous préservent de cette maladie des hommes heureux ...*«

Die alleswissende Nichte freilich weiß nichts von der Göttinger Geschichte, sondern: »Hier (in Italien) hatte er in Liebe und Wonne geschwelgt und sich auch den Keim seiner Krankheit geholt, denn wie eine emsige Biene flog er von der einen zur andern und war nie liebessatt.« Der Vergleich mit der Biene ist wohl nicht sehr glücklich.

Na, und dann in Paris, da geht's erst richtig los. Die Nichte weiß: »Man kann nicht verlangen, daß ich Heines Liebesabenteuer aufzählen soll, denn das wäre unmöglich. Ein echter Don Juan, entzückte ihn die Blonde wie die Braune, die Schwarze wie die Rote. Nur Mathilden war es vergönnt, ihn zu fesseln, obgleich der Ehecontract oft verletzt wurde ...«

Ludwig Börne erzählte jedem, der es hören wollte, Heine sei in Paris »den gemeinsten Straßendirnen bei Tag und bei Nacht« nachgelaufen.

Als ob er das Gefühl gehabt hätte, daß der Nachweis seiner sexuellen Verruchtheit etwas dünn ausgefallen sei, tat dann Heine selber noch das Seine, wo immer er konnte.

Schweigen wir vom Dianen-Gedicht. Es möge genügen, unter den nicht offensichtlich poetischen Zeugnissen die vier markantesten noch einmal in Erinnerung zu rufen.

An Laube, am 10. 7. 1833: »Ich schreibe diese Zeilen im Bette meiner schönhüftigen Freundin . . .«

An Christiani, am 15. 7. 1833: »Was das aber eine große Übung ist, die man durch die Französinnen erlangt, das ist was Außerordentliches! . . . Die schwierigsten Konjugationen werden einem fast spielend beigebracht. Das que, das merkwürdige Bindewort, das lernt man erst durch den Gebrauch.«

In den »Memoiren« (1837/1854): ». . . welche schreckliche Krankheit ist die Frauenliebe! . . . Das Prinzip der Homöopathie, wo das Weib uns heilet von dem Weibe, ist vielleicht das probateste . . .«

Und schließlich an Lewald, am 25. 1. 1837: »Ich war immer der Meinung, daß man in der Liebe besitzen müßte, und ich habe immer Opposition gebildet gegen die Entsagungspoesie; aber das Platonische hat auch sein Gutes, es verhindert einen nicht, am Tage zu träumen und des Nachts zu schlafen, und jedenfalls ist es nicht sehr kostspielig.«

Das ist alles. Ich habe bei langer Beschäftigung mit Heine-Literatur aus erster, zweiter und dritter Hand kein anderes ernst zu nehmendes Zeugnis kennengelernt, auf das sich die Legende vom Lebemann Heine stützen könnte.

Ist das denn alles so wichtig?

Ja – sofern Heine wichtig ist. Wir können die Mädchen und Frauen aus seinem Leben so wenig wegdenken wie aus seinen Versen und Prosastücken. Und was nicht weggelassen werden kann, ohne daß sich ein ganz schiefes Bild ergäbe, sollte dann schon auch richtig einbezogen werden – sonst bleibt das Bild schief.

Ja – sofern »die gesellschaftliche Relevanz« von Literatur wichtig ist. Wer Dichtung nicht rein ästhetisch als Gegenstand interesselosen Wohlgefallens sehen kann, wird nach ihren Ursachen und Wirkungen fragen.

Ja – sofern die Beziehungen zwischen Männern und Frauen wichtig sind. Es kann dann nicht unwichtig sein, sie an einem so exemplarischen Fall zu verfolgen.

Ja – sofern es um der historischen Wahrheit willen wichtig ist, herauszufinden, was wirklich geschah. Wäre es uns gelungen, etwas mehr zu erfahren über Heines Verhältnis zu Mädchen und Frauen, dann wüßten wir auch mehr über sein Verhältnis zum Judentum, zu Deutschland, zu Europa, zur Aristokratie, zum Kommunismus. Denn die gleichen Fragen kehren immer wieder, zum Beispiel: Welchen Quellenwert haben Heines eigene Aussagen? Welche Zeugen, welche Biographen sind zuverlässig?

Es geht hier also nicht nur um Heines Liebesleben. Und ganz gewiß handelt es sich nicht um den unsinnigen Versuch, Heinrich Heine »reinzuwaschen«. Das wäre vermutlich gar kein freundlicher Akt: die Legende zu zerstören, die manchen, der Heine sonst nicht mag, wenigstens heimlich für den Wollüstling einnehmen könnte.

Es handelt sich um den Versuch herauszufinden, wie es wirklich gewesen ist und wer dieser Mensch Heine war, den die Welt, soweit sie Bücher liest, als deutschen Liebeslyriker so viel höher schätzt, als Heines Landsleute ihren Dichter schätzen.

Das wäre ein anderes Phänomen, dem nachzugehen sich lohnte. Aber es ist so viel schwerer greifbar. Wie es dem Liebeslyriker mit der Liebe und wie es den Mädchen und Frauen, die er kannte, ergangen ist, das müßte sich doch herausfinden lassen.

Vielleicht wird es eines Tages herausgefunden. Vielleicht gibt die eine oder andere Provokation, die hier nicht unbeabsichtigt unterlaufen ist, einen neuen Anstoß dazu.

Mit der aus den mir verfügbaren Dokumenten destillierten Auffassung, daß Heine ein eher unglückliches und entsagungsvolles Verhältnis zu Frauen hatte, stehe ich ja ziemlich allein da.

Freilich mit zwei mächtigen Beiständen. Karl Marx auf der einen Seite, dessen »er hat nie Glück bei Damen gehabt« recht zuverlässig überliefert ist. Die Meinung gewinnt ihr Gewicht dadurch, daß Marx Heine gerade in jenen Pariser »Ausschweifungs-Jahren« kennenlernte und daß er auch mit seiner Frau Jenny darüber gesprochen hat. Frauen sehen so etwas viel deutlicher.

Auf der anderen Seite kommt die jüngste jüdische Literaturforschung, wie sie Ernst Simon 1972 auf dem Düsseldorfer Heine-Kongreß vertreten hat, zu sehr ähnlichen Ergebnissen. Sie geht dabei aus von einer soziologischen Rekonstruktion jüdischer Sitte und Moral in der ersten Hälfte des vergangenen Jahrhunderts, vom hohen moralischen Wert, den »Askese« auch für einen abtrünnigen Juden noch haben mußte. Simons vorsichtiges Ureil: Heinrich Heine übte »mindestens partielle Askese«. Keine Rede von »Abschaffung der Sünde«.

Die Erkenntnisse Ernst Simons waren Heine selber

nicht fremd. »Die Juden«, schrieb er einmal, »sind ein keusches, enthaltsames, ich möchte fast sagen, abstraktes Volk, und in der Sittenreinheit stehen sie am nächsten den germanischen Stämmen.«

Zu den Beobachtungen von Karl Marx paßt ein Brief Heines an August Lewald, vom 1. Januar 1838, nicht schlecht. Es heißt da: ». . . die glückliche Liebe schreibt gar keine Verse.«

So ist es doch wohl wirklich. Freud hat als erster nach einer wissenschaftlichen Erklärung dafür gesucht: Nur die nicht erschöpfte Liebeskraft gibt die geistig-seelische Substanz her, aus der durch Sublimation Kunst entstehen kann. Ein obskurer Lateiner formulierte schlicht und drastisch: *Post coitum poesia nulla.*

Aber wer sich aufgefordert sieht, dem Heine, wo er sich als Lebemann gibt, nicht immer zu glauben, der muß wohl auch Heines asketischeren Äußerungen gegenüber skeptisch sein.

Immerhin läßt dies sich feststellen: Der muntere Ton ist nach 1833 dahin – und vorher wirkt er manchmal reichlich forciert.

Der gleiche junge Heine, der nach Maria Embdens Zeugnis in »fortwährenden Vergnügungen . . . selbst Ausschweifungen« sich erging, wurde von denen, die dabei waren, ganz anders gesehen. In Berlin nannte man ihn »Marquis Posa«.

Und am 3. Mai 1822 schrieb Friedrich v. Uechtritz an Friedrich Hebbel: »Heine, der damals fast beständig leidend war und gewöhnlich bei unseren (Studenten-)Versammlungen über Kopfschmerzen klagend in einer Sofaecke saß, wird hier als Teilnehmer an den dem Kreise vorgeworfenen Ausschweifungen ganz mit Unrecht genannt.«

Ein Jahr später Heine an seinen Freund Sethe: »Krank, isoliert, angefeindet und unfähig, das Leben zu genießen, so lebe ich hier.«

Lebt so ein Don Juan?

Vom jungen Heine gibt es noch ein Dokument, das ich sehr schätze. Da schreibt der Fünfundzwanzigjährige dem Jugendfreund Sethe, mit dem er brechen will (aber dann doch nicht gebrochen hat), alles auf, was er liebt. Das ergibt eine sonderbare Liste, sie gipfelt in einer »olla Potrida von: Familie, Wahrheit, französische Revolution, Menschenrechte, Lessing, Herder, Schiller . . .«. Eine grandiose Liste, die den jungen Heine gut charakterisiert. In dieser Liste kommen Frauen nur einmal vor, freilich an erster Stelle: »ein weiblicher Schatten, der jetzt nur noch in meinen Gedichten lebt«.

So viel zum jungen Heine, der noch im Schatten seiner Cousinen lebte: »Ich muß ja eine Madonna haben«, schrieb er. »Wird mir die himmlische die irdische ersetzen?« Das tat sie wohl nicht.

Den Heine, der dann in Paris für die deutsche Provinz wüste Abenteuer erlebte, haben wir uns eher als an der Fremde und, wie nun seit Jahren schon, dauernd an Kopfschmerzen Leidenden vorzustellen. Zwei der wenigen Zeugnisse, die ihn als Genießer des Lebens und der Liebe ausweisen wollen, ich habe sie zitiert, stammen aus der gleichen Juli-Woche des Jahres 1833. Während dieser einen Woche muß es ihm ungewöhnlich gut gegangen sein.

Im einzelnen könnte weiter nachgewiesen werden, daß es mit der Lust-Evidenz nirgendwo stimmt. Alles, was auf Börne zurückgeht, ist durch politisch-persönliche Feindschaft zu erklären; denn Börne wußte besser als Heine, wie sehr es einem Mann, der ernst genommen werden will, schaden kann, wenn man ihm ein ausschweifendes Geschlechtsleben unterstellt.

Neben Börne ist dann immer wieder die Schwätzerin Maria Embden Kronzeugin. »Man kann nicht verlangen, daß ich Heines Liebesabenteuer aufzählen soll . . .« Wir kennen die Dame. Sie hätte nicht die Schilderung eines einzigen »Liebesabenteuers« ausgelassen, wenn sie etwas davon gewußt hätte.

Sie wußte nichts; denn es gab gar nicht so viele solche Abenteuer. Und sie vergißt in ihrer sonderbaren Beschreibung des berühmten Onkels später auch, was sie vorher gesagt hat. Was da über Mathilde steht, ist nämlich sehr richtig (denke ich): »Die Sinnlichkeit war hier im Spiel, und nur so kann man sich die große Macht erklären, die diese Frau auf den genialen Dichter ausübt.«

In der Tat: nur so. Auch ich erkläre sie mir nur so. Das heißt aber doch: daß vieles von dem, was Maria Embden sonst noch geschrieben hat, Unsinn ist. Heine entdeckte »die Sinnlichkeit«, jenes unwiderstehliche Aufeinanderbezogensein, nie vorher so wie bei Mathilde. Etwas anderes will auch ich nicht sagen.

Das letzte Wort in der Kontroverse, die noch gar keine ist, habe Heines Freund Alfred Meißner, der Geliebte der Mouche, der von dem sterbenden Heine folgenden Ausspruch widergibt: »Glauben Sie mir, ich habe moralischer gelebt als die meisten Menschen, die mich fortwährend der Immoralität zeihen. Nie habe ich eine Unschuld verführt oder eine Ehefrau zur Untreue verleitet. Können viele Menschen dasselbe von sich sagen?«

Das scheint mir die reine historische Wahrheit. Heinrich Heine gehört nicht zu den Liebesdichtern von der Art Goethes, die aus einer Fülle von Erlebtem schöpfen können. Seine erotischen Verse stehen an Stelle von Erlebtem. Ihm verwirklichte sich, was er fühlte, in dem, was er schrieb. Bis zu einem gewissen Grad gilt das für jeden Schreiber, sogar für den ganz »normalen« Schreiber von Liebesbriefen. Bei Heine scheint mir ein sehr hoher Grad erreicht. Auch damit rückt er in die Nähe seiner beiden Vettern im poetischen Kosmos: des etwas älteren Engländers Byron und des etwas jüngeren Franzosen Baudelaire.

Wo Heine nach der Liebe zu Mädchen und Frauen strebte, waren die vers-berühmten »Bitternisse« nie weit: ob die Venus ihm nun sich als Marmorgöttin entpuppte oder zur dicken Ehefrau wurde.

Heines tolles Liebesleben ist eine Legende, von ihm selber zuweilen fleißig genährt, das glaubte er seinem Ruf und später auch dem Ruf von Paris schuldig zu sein.

Ich kann es nach Befragen und Abwägen aller Zeugnisse, die ich gefunden habe, anders nicht sehen.

Diejenigen, die sich für Heinrich Heine interessieren, sollten nicht mehr davon ausgehen, daß er ein »Frauenheld« war. Es spricht mehr dagegen als dafür. Und wenn sie den Pan-Erotiker Heine geliebt oder gehaßt haben, dann war (so glaube ich) ihre Liebe wie ihr Haß irregeleitet.

Diejenigen, die sich für »gesellschaftliche Relevanz« von Literatur interessieren, dürften bereit sein, Heinrich Heines Verhältnis zu Mädchen und Frauen für zumindest nicht ganz irrelevant zu halten. Sublimation oder Reportage – das ist am Ende die Frage an jede Zeile, die er geschrieben hat. Heine scheint mir der Prototyp eines poetischen Reporters, der den Wahrheits-Gesetzen der journalistischen Reportage nicht genügt, nie genügen will, der immer den göttlichen Witz der menschlichen Wahrhaftigkeit vorzieht.

Diejenigen, die als Liberale oder Konservative oder radikal Emanzipierte sich fragen, was denn die Rolle der Frauen sei in dieser unserer Zeit – vielleicht erfahren sie am Einzelfall jener Mädchen und Frauen, denen ein Heine begegnete, manches über die Möglichkeiten der Selbstverwirklichung damals und heute.

Diejenigen schließlich, die fasziniert sind von der uralten Frage, was wir denn für »wahr« halten können, erliegen einem Faszinosum, das der stärkste Antrieb für diese Studie war.

Das Liebesleben Heines interessiert heute vielleicht nicht so sehr. Es interessiert der politische Journalist, der Revolutionär oder der Stilist. Alle möglichen Betrachtungsweisen von Heine haben alles mögliche für sich – das weist ihn aus als »Klassiker«: Heine als Jude, Heine als Lyriker, Heine als Emigrant, Heine als Liberaler, Heine als Schriftsteller, Heine als Kommunist, Heine als Europäer und so weiter.

All diesen wichtigen Themen hat das Thema »Heines Mädchen und Frauen« eines voraus. Es ist der Wahrheitsfindung zugänglicher, da es den Tendenzen der Zeit und den Kontroversen der Politik weniger unterworfen ist als andere.

Hinweise zu den Abbildungen

1 Die photographische Vorlage der Landesbildstelle Niederrhein verwendet das einzige uns bekannte Bild – das Ölgemälde eines unbekannten Malers, das im Düsseldorfer Stadtgeschichtlichen Museum hängt. Es findet sich auch – wie alle unsere Abbildungen außer 2, 4, 6 und 10 – in Eberhard Galleys vorzüglichem Bildband »Heinrich Heine«, Kassel 1973.

2 Wie kann man ein Mädchen abbilden, das es vielleicht nie gegeben hat? Auf einem Ölbild »Die Försterfamilie« (1830) von Philipp v. Foltz (1805–1877) fanden wir die Figur eines jungen Mädchens, das Heines exakter Beschreibung des Mädchens Josepha so vollkommen wie nur möglich entspricht.

3 Es sollte auch illustriert werden, daß Heines Hamburger Cousinen Amalie, Friederike, Therese und Fanny austauschbare Rollen spielten im Leben des Dichters. Mag Amalie ihm am meisten bedeutet haben, so hat doch Therese ihm am längsten etwas bedeutet. Das Ölbild eines unbekannten Malers entstand um 1840 und befindet sich im Besitz des Heineschen Wohnstifts in Hamburg.

4 Die Straßenmädchen sind Gegenstand eines um 1800 entstandenen anonymen Holzschnitts. Die »Walkürenhaftigkeit« dieser Damen, etwa im Vergleich zu Abbildung 6, scheint uns typisch und bemerkenswert.

5 Eine Bleistiftzeichnung von Wilhelm Hensel (1794–1861) aus dem Jahre 1822; aus dem Bildarchiv der Berliner Staatsbibliothek. Und diese Frau erschien den Zeitgenossen, empfand sich selber als häßlich!

6 Straßenmädchen aus dem Pariser Quartier Notre-Dame de la Lorette, eine Lithographie von Gavarni (1804–1866), um 1850. Das Bild macht deutlich, wodurch Paris den (inzwischen mit Recht verblichenen) Ruhm gewann, daß dort auch die käufliche Liebe nicht vulgär war.

7 Eine Zeichnung von Théodore Chassériau (1819–1856), um 1845; eine Photographie davon befindet sich im Düsseldorfer Heine-Institut. Anders als zum Beispiel bei Rahel Varnhagen wissen wir hier

durch Vergleich mit anderen Bildern sowie durch die Beschreibungen der Zeitgenossen: der Zeichner hat seinem Modell nicht geschmeichelt; diese Frau muß hinreißend schön gewesen sein.

8 Die Lithographie eines unbekannten Künstlers wurde 1844 in eine Leipziger »Galerie der berühmtesten Zeitgenossen« aufgenommen, muß also vorher, wahrscheinlich kurz vorher entstanden sein. Streng – gewiß, aber »männlich«, »vorn nichts und hinten nichts«? George Sand war kein »kesser Vater«.

9 Die Ursprünge dieses Bildes, das sich im Düsseldorfer Heine-Institut findet, sind nicht ausreichend geklärt. Galley datiert es 1845. Ich halte 1835 für wahrscheinlicher. Von den vier uns bekannten Mathilde-Bildern scheint jedes eine andere Frau darzustellen – und das, obwohl zwei davon Photographien sind. In diesem nur erkenne ich Mathilde so wieder, wie sie von Heine selber und den wohlwollenderen Zeitgenossen beschrieben worden ist.

10 Camille Selden alias Elise Krinitz, Heines »Mouche«, wird ungern abgebildet. Zu heftig widerspricht das Bild der Legende von letzter Erfüllung romantischen Sterbens. Meinen Vorstellungen entspricht es vollkommen: es zeigt eine eher unglückliche, harte, verklemmte, unbefriedigte Frau. Freilich können wir uns auf Bilder nicht verlassen. In der germanistischen Forschung sind sie von jeher als Putz behandelt und nie sehr ernst genommen worden.

11 Eine Bleistiftskizze von Marcellin-Gilbert Desboutin (1823–1902), zu finden im Düsseldorfer Heine-Institut – gewiß »idealisiert«, aber der Wahrheit doch nahe: so ungefähr mag »Lazarus«-Heine ausgesehen haben, vier Jahre vor seinem Tode.